知识生产的原创基地

BASE FOR ORIGINAL CREATIVE CONTENT

颉腾商业

JIE TENG BUSINESS

U0132142

爱与工作

[英] 马库斯·白金汉（Marcus Buckingham）——著

汪幼枫——译

Love and Work

How to Find What You Love, Love What You Do,
and Do It for the Rest of Your Life

华龄出版社

HUALING PRESS

Title: Love and Work: How to Find What You Love, Love What You Do, and Do It for the Rest of Your Life
By Marcus Buckingham
Copyright © 2022 One Thing Productions, Inc.
Copyright licensed by One Thing Productions, Inc., arranged with Andrew Nurnberg Associates International Limited
Simplified Chinese edition copyright © 2023 by Beijing Jie Teng Culture Media Co., Ltd.
ALL RIGHTS RESERVED

北京市版权局著作权合同登记号 图字：01-2023-3354 号

图书在版编目（CIP）数据

爱与工作 / (英) 马库斯·白金汉著 ; 汪幼枫译
. -- 北京 : 华龄出版社 , 2023.7
　　ISBN 978-7-5169-2582-9

　　Ⅰ. ①爱… Ⅱ. ①马… ②汪… Ⅲ. ①爱的理论—研
究 Ⅳ. ① B82

中国国家版本馆 CIP 数据核字 (2023) 第154148号

策划编辑　颉腾文化
责任编辑　王　慧　　　　　　　　　　　　**责任印制**　李未圻

书　　名	爱与工作	作　　者	[英] 马库斯·白金汉
出　　版	华龄出版社		（Marcus Buckingham）
发　　行	HUALING PRESS	译　　者	汪幼枫
社　　址	北京市东城区安定门外大街甲 57 号	邮　　编	100011
发　　行	（010）58122255	传　　真	（010）84049572
承　　印	文畅阁印刷有限公司		
版　　次	2023 年 10 月第 1 版	印　　次	2023 年 10 月第 1 次印刷
规　　格	880mm×1230mm	开　　本	1/32
印　　张	8	字　　数	176 千字
书　　号	978-7-5169-2582-9		
定　　价	69.00 元		

版权所有　翻印必究

本书如有破损、缺页、装订错误，请与本社联系调换

献给米歇尔，为了所有的一切，爱你

当你怀着爱工作时，

你会融入你的自我，

以及他人，

……

工作是看得见的爱。

——哈利勒·纪伯伦（Kahlil Gibran），《先知》（*The Prophet*）作者

引言｜Introduction

你好，我是马库斯·白金汉，很高兴认识你。杂志，我喜欢倒着看，至于书嘛，我喜欢先读最后一页。

或许你也喜欢这么做。如果是这样的话，那么你应该已经知道这本书的最后一句话和上段开头这句话一模一样。嗯，其实也不完全一样，在结尾我删去了我的姓氏"白金汉"，因为我想，到了那时候，以你我的熟悉程度，应该已经可以只使用名字了。但是抛开姓氏不谈，本书开头和结尾的话是一模一样的。

"引见"是一件很有意思的事情，不是吗？你不认识我，我也不认识你。我们说声"你好"，点点头，握个手，然后做自我引见。"引见"（introduction）一词源自拉丁语动词 introducere，意思是"引入"。这种引入假设它所涉及的当事人将进一步交往，并更深入地了解彼此。若非如此，引见又有什么意义，对不对？

如果我告诉你，除了这种"引入"之外，你对自己的了解并不足以让你与自己建立任何实质性的关系，你会怎么想？

这不是你的错。

你学过几年自然科学、社会科学？西班牙语或法语学过吗？

你花过几年时间去了解自己？

我敢打赌，没有几年。

几个月？也没有。

那么，有没有一周？你是否曾花过一周的时间去深入探索你非凡的独特之处？

两年前，我在一个关于领导力的大型会议上发言。与会者是水疗中心的所有者和经营者。事实上，大多数都是女性。那是一群聪明而风趣的人。

我先问了关于自然科学和西班牙语之类的问题，然后问道："你们最后一次花时间研究自己的独特之处是在什么时候？"

大家停顿了一下。以往每次我问到这个问题大家总是会停顿一下，瞪着眼睛，面无表情。但是这一次，一名坐在大约第十排的女子喊道："我做过你的优势识别器（StrengthsFinder）测试！"

大家咯咯地笑着，为之欢呼。在有 1000 个人的屋子里大声喊出这句话是需要勇气的。我请她站起来。

"你叫什么名字？"

"黛丝迪妮。"她说。

"布里特妮？"

"不，黛——丝——迪——妮。"她提高了嗓音。

其实我是故意犯错的。"你好，黛丝迪妮。你做测试花了多长时间？"

"大约 20 分钟。"她回答道。

"测试报告呢？你读它花了多长时间？"

"大约 15 分钟。"她耸耸肩。

"好的，太棒了。现在你的报告在哪里？"

"呃——我想我把它放在书桌抽屉里了吧？"她的回答说到最后变成了一个问句。

"所以，35 分钟。你只花过 35 分钟时间来了解自己吗？黛丝迪妮？"

又是一个停顿。

"嗯——心理治疗算不算？"她说完捧腹大笑，她周围的人则哄堂大笑。

2001年，我与唐纳德·克利夫顿（Don Clifton）共同创建了优势识别器系统。又过了整整十年，我们推出了"职场天赋能力测验"（StandOut）。我在几乎所有国家都做过研究并发表过数千次演讲。在这件事情上，你的性别、年龄、种族、宗教、国籍、文化似乎并不重要，反正，世界各地的人都不会花太多时间去了解自己最出色的地方。

而且，当然了，由于人们离自己喜爱做的事情太近了，所以他们并不看重这些事情。我猜你也是如此。我们看到你很容易记住顾客的名字以及他们与众不同的方面，我们对这种天赋感到惊奇。我们看到你在一长串计算机代码中本能地锁定那一个错误，这令我们赞叹不已。我们看到你找到最合适的语言、语调和眼神交流方式，让患者平静下来，我们真希望自己也能如此自然地安抚他人。可是你呢？你对这些天赋并不感到惊讶。你身处其中，与它们水乳交融，以至于你不仅仅是不看重它们，更重要的是你对它们视而不见。

你可能一辈子都看不到它们。

不幸的是，我们中的大多数人都是这样。

黛丝迪妮，如果你正在读这本书，听我说，首先，我永远不会忘记你的笑声，它一直令我感到愉悦；其次，不，心理治疗不算数。因为心理治疗的着重点通常在于你有什么问题，而心理治疗的任务是什么呢？是如何解决那个问题。

我们个个都是探究人类问题所在的高手。自诞生之初，你从父母那里听到最多的话中就包括"不行"或"不要"。你父母的使命是让你生存下去，他们是一片好意。于是你变得很善于了解周围所有的坏东西。滚烫的炉子、车来车往的街道很危险，还有奶奶的念珠也不能碰。

然后你上学了。你的绘画得了 A+，数学得了 C-。可没有人会谈论你对艺术的热爱，所有人的注意力都集中在你糟糕的数学成绩上。

然后你工作了，第一次接受工作表现考察。前面 13 分钟是令人愉快的，但是接下来的 47 分钟都被用来谈论你还有哪些"机遇领域"以及你的"发展规划"。

然后你结婚了，并且去接受心理治疗。

令人不安的事实是，很有可能，并没有人在意是什么让你与众不同。没有人致力于把你引见给你自己。

说到与最好的自己建立真正深厚的关系，没有谁会去帮助你对这件事情产生兴趣并将之付诸实践。学校不会这么做：学校只想确保每个人都学到人人都应该学到的东西。职场不会这么做：职场最关心的是绩效，是需要完成的工作。从童年开始，你生活中的每一个人都背负着种种期望和要求，而这些期望和要求与人们发现自己所热爱的独特事物并围绕着它们构建人生并不一定有直接联系。

当然了，你的父母希望你快乐。可如果你告诉他们，住在自己的房车里、向饥肠辘辘的冲浪者出售墨西哥卷就能让你快乐，我想他们一定会立刻开始向你指出还有哪些更为"成功"的人生道路可供选择。

没有人会以你本人为出发点，聆听你的声音，关注你本能地想去关注的东西，并教给你方法和技巧，以便将这些独一无二的天赋应用于社会。这对你来说是个问题，因为正如史蒂夫·乔布斯（Steve Jobs）在他著名的斯坦福大学毕业典礼演讲中所说的："干好工作的唯一方法就是热爱你的工作。"

是的，这话听起来再有道理不过了——谁不想在生活中找到自己喜爱的东西，然后把它们变成非常有价值的贡献，以至于人们都愿意付钱让你去做你喜爱的事情呢？对于刚刚开启职业生涯或是正在考虑转行的人而言，这话说起来很容易，简直张口就来，不是吗？"找到你热爱的事情，去做就是了！"

但是它做起来很难。当然，你希望过一种可以做很多你喜爱的事情的生活。你身上有那么多精力，那么多洞察力，那么多力量，那么多快乐。你不希望当你走到生命的尽头回顾一生时，发现自己从没有机会感受到上述任何东西。你希望当你走到生命的尽头回顾一生时，你在内心深处知道，无论你赚到了多少钱，或是没赚到多少钱，你度过的都是自己人生的一流版本，而不是别人眼中人生的二流版本。

但是你如何才能做到这一点？

说实话，这方面的数据有点儿令人困惑。去调查最成功、最有适应力、最有参与感的医生、教师、企业家——事实上，无论是什么行业的成功人士——报告称热爱自己所有工作的人寥寥无几。所以，如果告诉你，在人生中要想取得成功，就必须"做你热爱的工作"，这似乎会让你注定要失败。

然而，再深入挖掘下去，史蒂夫·乔布斯仍然是对的。要想在人生中做成功任何事情，你都必须认真对待你所热爱的事情，并以某种创造性的方式表达出来。我们知道这一点，是因为当我们调查一组非常成功、非常有适应力和参与精神的人和一个程度较逊的对照组时，区分他们的最好的两个问题是：

- 你每天都有机会发挥自己的优势吗？
- 上周你每天去上班时都很兴奋吗？

那些成功人士对这两个问题都表示"非常同意"。他们报告称，他们每一天都能做一些让自己发挥最佳优势的事情、一些让自己感到兴奋的事情。并非一整天都是如此，也非所有事情都是如此。只是其中的一些事情而已——但是每一天都是如此。他们不一定"做的都是他们热爱的事情"。相反，他们在所做的事情中找到了自己的所爱。每天都是。

你可以学会做所有这些成功人士所做的事情。你可以学会他们这么做的方法，并将其应用到你生活中的所有方面。你不一定需要坚持寻找一份让你百分之百热爱的完美工作。相反，你可以学会在你所做的工作中找到爱的技巧。你可以学会识别那些让你感到兴奋的活动，它们让你感到挥洒自如，能发挥最佳优势；

你可以学会锁定你最喜爱的时刻、情境或结果，然后学会如何将它们融入你每天所做的事情中。

你才是这本书的作者。你我将一起揭开你的神秘面纱，向你展示你可以在这个世界上留下的超乎想象的独特印记。不要像黛丝迪妮那样只给自己区区 35 分钟时间。花些时间超越"引见"这一环节，去深入了解你之所以会成为"你"的复杂缘由。将这本书作为你的入门读物，这样，在你的一生中，你就能在"我是谁""我爱做什么",以及"我选择如何表达这种爱"的问题上站稳脚跟。世界上没有,也永远不会有,第二个与你一模一样的人。你喜爱什么活动、什么会吸引你、什么会引起你的关注、什么会令你振作起来、什么会让你感到沮丧,所有这些都是你的模式的一部分,而这个模式与其他任何人都绝不一样。你理应拥有一种能反映这一事实的生活。

你值得拥有这样一个故事:在学校,在家里,在工作中,在人际关系中,你成为从生活中汲取爱并将这种爱转化成贡献的专家。

在你生命的所有方面,你都值得拥有一个持续终生的爱的故事。

我个人对你的最大承诺就是,这本书将帮助你讲述这个故事。

你的旅伴

你知道我的名字,但除此之外就没什么了。要想一起深入你的内心,需要我们俩彼此信任。面对家庭、学校和工作的严酷现实,你这辈子的很大一部分时间都用于适应它们外加武装自己以对抗它们了。我也一样。如果我们想卸下彼此的盔甲,更多地敞开心扉,我们就必须乐于分享——分享我们的成功,我们的恐惧,我们的希望、错误和爱。

我承认这对我而言并不容易。我是那种坐在飞机上会刻意避免与他人进行眼神接触的人,因为这样一来,我就不必和坐在旁边的人进行实际意义上的交谈了。但是,在我们这段特殊的旅程中,距离对我们俩没什么好处。我们需要的是好奇心、诚实,还有——我实在不忍心说，但还是说出来吧——脆弱性。

所以，是的，我叫马库斯，英国人。我妈妈来自北约克郡的一个煤矿工人家庭。我爸爸的父母在南方从事零售业，他本人曾是一名皇家空军中尉。我爸妈在空军基地相遇，他把她带到了南方。她是一名教师，而他则是人力资源部的。

我的童年比较幸福。我有个哥哥，还有个妹妹。所以，是的，我是三孩家庭中喜爱寻求共识、缔造和平的老二。

我是为阿森纳队而长期饱受煎熬的铁杆球迷，如果你了解足球的话，你就会明白为什么。

我还是为内布拉斯加大学玉米剥皮者队而长期饱受煎熬的铁杆球迷，如果你了解大学橄榄球的话，你就会明白为什么。

我在英国接受了大学教育，后来去了内布拉斯加州林肯市——稍后在书中我会更详细地讲述我究竟为什么会进行这样的跃迁。

就我接受的训练和工作安排而言，我是一名心理测量师。这意味着我的职业生涯是用来寻找方法去衡量关于你的一些重要事情的，但这些事情又是无法进行计算的。

我可以计算你的身高、平均学分绩点、薪水、旷工几日、卖出了多少东西，但是，你的优势、你的领导力水平、你有多高的参与度、你的适应力如何，这些如何计算？而这些就是我在过去30年里的研究重点。前17年我在盖洛普（Gallup）公司工作，现在则是ADP研究所（ADP Research Institute）的共同负责人，我的团队在世界各地针对人类成功学的方方面面展开研究。

如今，世界上有那么多意见，那么多内容，那么多以"我认为……"开始的句子。虽然这些意见中有一些是有价值的，有很多是善意的，但是我个人只将可靠的数据视为护身符。关于所有最杰出的领导者的共同点，我们究竟知道些什么？最富有成效的教师究竟拥有什么长处？所有最成功的企业家都努力为自己培养什么样的态度？只要我们能够衡量优势、潜力和态度，那么这些问题的答案就都是可知的。我们可以做到——只要我们足够谨慎。

所以在这本书中，我希望做的一件事情就是把所有这些可靠的数据用在你身上，用于你的生活，你的工作，以及你对成功的追求。我向你保证，这本书将是对你已经成就的一切和你所能做到的一切的最权威的深入探究。书中没有意见，没有"我认为"，只有我们已经确定的事实。

这是我的第十本著作，它与其他书截然不同。我之前的九本书都是单纯基于科学的。作为一个克制的英国人，而且是一个痴迷于数据的克制的英国人，我非常乐意依赖科学。

但是，你的人生是一个故事。如果我对你很有帮助的话，那么读完这本书之后，你就会以一种新的方式来思考你本人的故事。无论你面临着什么样的挑战或决定，你都会用一种更聪明、更有洞察力的方式来理解它，并用一种更富有智慧、更充满爱的方式来理解你自己。

这就意味着，如果我不分享我自己的一些故事，我就不会对你有太大帮助。我挣扎过、爱过、抵达过、跌倒过，再次抵达过。我做出过一些打破常规的职业决定——在20世纪80年代末，我出人意料地迁往内布拉斯加州林肯市，我还把我的所有积蓄用于投资建立一家软件公司，这两件事情让我记忆犹新。我也做出过一些非常糟糕的决定——这些还是留待以后再说吧。我创建了优势识别器系统，撰写过关于管理者的书籍——《首先，打破一切常规》

（*First, Break All the Rules*）就是其中之一，曾在一家大公司里发展职业生涯，后来离职并致力于自主创业，之后卖掉了我的公司，写了更多的书，然后又重新加入企业界。我经营过自己，然后是一个团队，接下来是好几个团队，再后来是许多团队，最后我又回来了。

我的人生不是你的人生，而且坦率地说，我的人生可能比你的人生要轻松许多，这是由我的性别、种族以及在第一世界的成长经历决定的。尽管如此，可如果你要借鉴他人的真实生活经验，那么这种经验，就像真实生活一样，必将是非常独特的。我的经验是我唯一能进行可靠讲述的生活经验，因此在这本书中，我将分享我从中学到的东西以及为数据所证实（或驳斥）的东西。

如果我们能坐在一起就好了，这样我就可以向你了解你的生活、你的选择和你的故事。但是一本书无法让我们做到这一点。所以我会透露一些数据，提供一些你可以问自己的问题，试着教你一种全新的语言用于理解你那个世界中的你，而且我还会告诉你一些我自己人生中的故事。

我只希望这些故事能够帮助你打造自己的故事。

让爱奏效

正如本书标题所示，我们将在这里谈论爱与工作。事实上，这两者之间没有什么间隙。有些人会告诉你，不要把个人情感——你的所爱——带到工作中去。然而，数据显示，反向因果也同样强大。你在工作中的感受——无论这工作是令人振奋还是消磨精神，无论它是令你满足还是让你感到空虚，无论它让你自觉有价值还是完全没用——所有这些情绪的体验在家中是最强烈的，而体验者就是你和你所爱的人。

你爱什么、爱谁、如何爱、为何爱你所爱，以及你爱的人对于你所爱之人和所爱之物的感觉——你生命中关于爱的一切就是本书的主题。你不是一个被分割的人，你无法用这里的一部分工作与那里的一部分个人生活相平衡。相反，你是一个统一的整体。你只有一个杯子，里面要么装满了爱，要么没有爱。所以，没错，我们将谈论你人生中的爱：你的激情，你的人际关系，你的学习，你的童年，你的孩子——如果你有的话。我们将谈论爱是如何充满你的生活的，以及这种充满爱的生活为你、为你所爱的人和你所领导的人创造了什么。我们将讨论所有这些。

而且，爱也是一种统一的东西。爱就是爱，无论它是来自你的工作、你的慈善事业，还是来自你的人际关系，抑或来自你的信仰、你的孩子。当你没有爱的时候，你是一个脆弱、残缺的存在；当你充满爱的时候，你就是一个奇迹。

只有当你完全浸没在一个主题中时，你才能学到最多的东西：你如何才能学会你爱学的东西？

只有当你在你所做的事情中找到爱时，你才会有适应力：哪些活动会让你因为爱而振作？

只有当别人坚信你了解并热爱你自己最优秀的地方时，你才能有效地领导他们：你是不是可以给自己足够的爱，以便领导他人呢？

只有在回应另一个人的过程中，你才能获得最大的发展：这个人是否看到了你的所爱并且也爱他所看到的？

如果你并不擅长做你爱做的事情，或者你爱的人看不到你真正爱的东西，或者当他们看到以后却希望你并不爱它，这时候会发生什么？

　　让我们深入探讨所有这些问题。当然，我无法提供答案——你的生活的复杂性和独特性是属于你自己的。

　　但我可以教你自行回答这些问题的秘诀。每天早上，我们中的许多人醒来后都会穿上我们的盔甲。我们习惯于将生活视为一种需要承受的东西，一种需要尽力安然度过的东西。我们设法对噪声充耳不闻，埋头向前跋涉，努力生存——作为员工、家长、学生、伴侣。当然，这么做的风险在于，或许我们走到生命的尽头都不曾真正听到过生活一直在告诉我们什么，也从没有真正看到过真实、完整的自己。

　　我希望这本书能够帮助你改变这一切。你可以改变你与生活的关系以及你与自己的关系。因为，事实上，你的生活并不是应该被拒之门外的喧嚣。相反，它是所有快乐、激情、力量和贡献的源泉。每一天，生活都在向你发送成千上万个信号，向你揭示你在什么方面最出色、最强大、最具创造力、最有吸引力、最不同寻常。每一天，你的生活都在用一种只有你才能理解的语言对你说话。

　　在你阅读这本书的时候，让我们一起竭尽所能，帮你熟练掌握你自己生活的语言。让我们帮助你学习如何解码它的信号，去揭示关于你的异常强大的真相。

目录 | Contents

第一部分
爱的迹象

爱去了哪里？

迷失者流行病

唐尼·菲茨帕特里克（Donnie Fitzpatrick）是温哥华北部一所中学的篮球教练和职业顾问。他会和自己的每一个高年级学生面谈一个小时，向他们提十几个开放式问题。他所提的并不是"你想上哪所大学"之类的问题，而是这样的问题："你是谁？你如何做决定？你上一次感到时间飞逝是什么时候？"他已经和8至12年级的学生进行了4000多次此类面谈。他们从每天早上7:30开始，然后一个接一个，直到当天放学。

据他介绍，以下是他的三大发现：

多年来，虽然有些学生最初很不愿意接受一个小时的面谈，但最终所有的学生都很享受这个过程。学生会错过学校的其他各种约会，甚至是他们喜爱的事情，但几乎没有人会错过与唐尼的约会。

几乎所有人在回答问题时都会泪流满面——他说，这是因为他们找到了一个空间，让关于自己的真相能够浮出水面，而不用管是对是错，这一来就会释放出大量情绪。

他还告诉我，那些成绩最好、申请到最优秀大学的学生似乎是哭得最厉害的——这些学生已经完成了教育系统要求他们做的一切，然而这一压力却使他们中的许多人感到无法找到自己的真实声音。

"尽管有成千上万充满关爱和善意的教育者，但是我们从事教育的方式，"他说，"却让我们的中学生找不到发现真正自我的办法。"

我在中学时代并没有经历过这种迷失。我是在 29 岁时开始感到惊恐的。

我当时在为盖洛普公司工作，我搬到了奥兰多，负责协调公司与迪士尼乐园的关系。当我和一群迪士尼高管外出就餐时，惊恐第一次袭击了我。他们都是很可爱的人，可是当我坐在当代度假酒店中一家非常舒适的牛排馆里时，我开始感到视野变得狭窄，周围的一切都变模糊了。我的注意力完全被我的心跳吸引了。我感到一种压迫感。这种压迫感大部分集中于我的胸口，但是也出现在我的周围。那是一种对时间本身的压迫感……时间不再从一个瞬间流动到下一个瞬间，而是每一个瞬间都变得异常艰涩，并与其后的那个瞬间失去联系。我喘不过气来。我被困在什么沉重的东西下面，但是并没有什么东西可以被挪开，只有晚餐同伴们咧嘴而笑的脸。我疯狂地想要逃跑，想把桌子猛地推开，然后尽可能快地逃走。任何地方都可以，我不在乎去哪里，只要能离开那里，离开那个令人窒息的地方。我以前从未有过这种感觉。

今天，似乎每个人都知道什么是惊恐发作。它已经成为一个日常用语，因为我们的许多孩子和学生都出现了这种症状。由于太过关注分数，太多的处方药阿得拉①被开具和服用，又有太多的阿普唑仑②被用来抵消阿得拉的副作用，难怪我们都成为焦虑和惊恐症状的专家，知道它们如何影响人体、如何治疗它们、如何让它们消散。如今惊恐发作就像粉刺一样普遍，只不过是成长过程中的一部分而已。

可是当我第一次惊恐发作时，我还不是惊恐症专家。我只是觉得自己要疯了。

我去找我的医生，医生告诉我这是怎么回事。"可我并没有惊恐！"我告诉他，"至少，我并没有感到惊恐。我从事我的工作，做过无数次的公共演讲，并且对此感觉很好。"

"哦，可能是这样吧。"他说，"但这绝对是惊恐发作。压力荷尔蒙充斥了你的身体，产生了强烈的压力感。过上一阵子，这种情绪就会开始侵蚀你。你的大脑会感到疲惫。它无法完全保持警觉。然后压力会扩散到你生活的方方面面，于是你会开始惊恐。并不是当前这一时刻让你感到惊恐。它是你紧张不安的生活日积月累形成的。"

于是我开始冥想。

这让我度过了最糟糕的时刻。我的咒语是"一"这个字。我默念它。每一次呼吸都是一次解脱，一次释放。在岩石上念"一"，坐在床上念"一"，当飞机从飞机跑道上起飞时，我戴着耳机默念"一"。"一"为我消除了压力。

---

① 阿得拉的英文为 Adderall，主要用于治疗注意缺陷多动障碍（ADHD）。——译者注
② 阿普唑仑的英文为 Xanax，是一种用于催眠镇静和抗焦虑的药。——译者注

然而，"一"只是对防止惊恐有用。它不能让我感到充实。它是一种应对机制，而不是繁荣机制。我依然找不到自己，内心依然空虚，对如何让自己充满活力一无所知。我是如此空虚，以至于即使在最令人惊叹的事情发生时——创建我的公司、写书、奥普拉（Oprah）为我和我的工作制作了一整档节目——它们也没能让我感到快乐。看看我和奥普拉在节目结束后拥抱的照片，我露齿而笑的表情完全只是表象，一个快乐的面具——用绕在脖子上的绷紧的绳子绑在那里固定住。**那个家伙是谁？我现在看着他，感到他并不是我。他的快乐不能令人信服。一个快乐的空心人。**

向你诉说这些事情显得我很任性——就好像我在抱怨，而我本该对生活赐予我的好事感激不尽。然而，我的体验是强烈而真实的，而且，它在今天也是非常普遍的现象。

在所有社会经济阶层、所有地区、所有种族中，我们都看到焦虑正在造成前所未有的伤害。为了给自己和孩子治病，我们越来越依赖处方药。备受瞩目的年轻运动员，如大坂直美（Naomi Osaka）和西蒙娜·比尔斯（Simone Biles），纷纷暂别赛场，以保持心理健康。一个世纪以来，美国的平均预期寿命首次出现下降，而且在过去三年中一直如此。造成这种下降的很大原因是所谓的"绝望死"（deaths of despair）——换言之，是我们为缓解生活压力而采取的行动所造成的死亡。其结果包括诸如自杀、阿片类药物过量、肝硬化和心脏病在内的各种悲剧。

根据最新的数据，在职场上，只有不到16%的人是全心全意投入到工作中的，而其他人只是在出卖自己的时间和天赋，并为由此产生的苦恼得到补偿。对于那些终日无休的高压力工作如配送中心物流、急诊室护理和教学而言，在最糟糕的极端环境下，创伤后应激障碍（PTSD）的发生率甚至高于从战区返回的退伍军人。这些你能想象得到吗？我们所创造的工作环境对所有人的需求都是如此视而不见，以至于他们比目睹过同类被杀戮和伤害的士兵们要经历更多能毁灭灵魂的痛苦。

诚然，我们并不是故意这样做的，但是这一切还是发生在了成百上千万人身上。

米歇尔的日记

找到回归真正自我的道路将是一辈子的旅程，你需要花费很大力气来对抗所有那些试图将你从这条路上拽下来的力量——有时它们是出于善意，有时则不是。

但至少你是在为自己而战。你对自己的行为和反应有一定程度的掌控力。

而比这痛苦不知道多少倍的是，你看到你所爱的人迷失了自我。

你有过这样的经历吗？

你能够应对生活向你施加的一切不幸，可是当你所爱的人暴露出他们正在经历的痛苦或是曾经遭受的虐待时，你会发现自己遭到一波又一波强烈情感的袭击。震惊——当你试图理解你所听到的东西时。困惑——当你试图将对方过去的痛苦与此刻坐在你面前、你认为你很了解的那个人放在一起时。愤怒——这个人居然会受到伤害，或者居然会伤害自己，独自深陷苦难，独自迷失，完全孤苦无助。

还有悲痛——因为你不能回到过去为他们排忧解难。你想伸出手臂，紧紧拥抱他们，让他们再也不会感到失落。你想找到他们那个小小的、破碎的部分，把它重新拼凑起来，让他们看到现在一切都好了，他们内心深处的那个自我已经恢复完整，再次获得幸福了。甚至有可能，他们现在看似已经完全克服那一切了，你却发现自己会在半夜里醒来，回想他们的苦难。想到他们当初必定是多么悲伤凄凉、多么孤独绝望，你会在凌晨三点默默流泪。

米歇尔是我的未婚妻，曾经也是我的同事。在我们开始约会之前，我已经认识她五年了。让我爱上她的理由太多了，无法解释清楚，但是当初如果你让我描述她，我会使用诸如自信、快乐、愉悦、热情一类的字眼。在我们已经在一起一年多之后，她才觉得足够安全，可以说出她自己的故事了。

这并不是一个充满暴力的故事。有很多人，作为战争、流离失所和家庭虐待的受害者，遭受过更为残酷的苦难。她的故事仅仅是一个关于自我迷失的故事。在故事中，由于学校和慈爱的父母把注意力放在了其他地方，所以她变得如此迷失方向、如此与自我脱节、如此扭曲和偏执，以至于在经历了十年的痛苦之后，她距离死亡只剩下一周、或许是一个月的时间了。

我之所以要分享她的故事，不是因为它很棒，而是因为它并不棒。以下是米歇尔在日记中所写的：

———————

怪胎营和正常营。两个营，就是这样。

我姐姐是正常营当之无愧的女王。姐姐比我大四岁，是个喜欢搞恶作剧的话匣子，几乎永远穿着海豚休闲短裤。蓝白相间的糖果条纹热裤里面，是两条修长的腿，她似乎总能得到她想要的关注。浓密的刘海和闪亮的黑色长发完美地勾勒出她可爱的脸蛋和超大的脑袋。她活泼、合群、自信，能够用自己的魅力赢得任何人的好感。

我没有刘海和大长腿，或是任何类型的魅力。我不善言辞，总是安静地一个人待着。所以，当姐姐告诉我，我被安排待进了怪胎营时，我真的信了。

我有一个葡萄牙裔大家庭。我的祖母是七个姐妹中的一个，她们都不太会说英语，而我们这些孙辈则都不会说葡萄牙语，只是几乎每个单词都能听懂。由于我小时候喜欢坐在厨房的桌子下面，所以我听到过很多有趣的八卦。

我躲在桌子底下不是为了偷听。我只是本能地这么做了，因为我觉得这是对的，是好的，是很自然的。桌子是我的秘密安全场所之一，就像院子里的橡树、几株精心挑选的灌木、小壁橱或者是猪圈。这些都是可以让我消失于其中的地方，让我可以进入另一个世界，在那里我可以自由地做梦、画画、创作。早在我学会走路以前，我就喜欢坐在家中厨房的桌子下面了。

虽然我将葡萄牙语翻译成英语的能力并不完美，但是我很快就发现坐在桌子下面的行为并不正常，而是很古怪。就好像很多事情对我而言是很自然的，但是在我的奶奶和姑姑婶婶们看来，却是很古怪的。

把一张空白的画布变成一个快乐的小世界：古怪。

每天穿着同一件洛基牌 T 恤衫，并相信自己可以成为一名著名的拳击手：古怪。

在我的房间里待上几个小时，用干草和玉米壳制作手工衣服：古怪。

每年万圣节都想打扮成流浪汉而不是公主：古怪。

闻到爆米花的气味会感到焦虑：古怪。

对电视促销广告感到着迷：古怪。

一切都很古怪。我记得有一天我爬到老橡树上去寻求建议。

"我讨厌当隐形人。我爱姐姐，但也恨她。她能被人看见而我却被忽视了，这不公平，不是吗？"我向树发问。

"你在跟谁说话？"我的表哥迈克尔冲我喊道，脸上带着某种表情。

"和一棵树做朋友没什么不对。"我冲他喊了回去。我是一个会和树说话的怪胎。

够了。我爬了下来。那天晚上，等所有人都睡着之后，我在妈妈的针线抽屉里翻找一番，抓起最锋利的剪刀，然后站上浴室里的踏脚凳。我仍然几乎照不到镜子。我深吸一口气，然后，"咔嚓"！我剪出了刘海。

五年之后，我当上了拉拉队长，带领我的队伍获得了各项冠军。就像姐姐当年一样。又过了五年，我被选为五一节公主。就像姐姐当年一样。又过了五年，我从圣地亚哥州立大学（SDSU）毕业。就像姐姐当年一样。

全家人从我们的农场小镇开车来参加我的SDSU毕业典礼。典礼结束后，我冲上楼去找他们。我奶奶穿着一件亮白色的T恤，上面印着"阿兹特克奶奶"的字样。我给了她一个大大的拥抱。

当我转身去看妈妈时，她正捂着脸，泪流满面。"哦，她一定是因为看到我佩戴的荣誉绳而太过激动了！"我心里想，

"她可以看到我有多聪明，我有多努力。姐姐可没有当上优秀毕业生！"

她背过身去。我意识到那些并不是喜悦的眼泪。

我从圣诞节以后就没再见过我的家人。我已经退出了女生联谊会，晚上当女招待干到很晚，白天在诺德斯特龙化妆品柜台工作，而且我还在疯狂地学习，以保持我完美的平均学分绩点。

我的体重只有74磅①。我那葡萄牙人特有的浓密头发快要掉光了。我骨瘦如柴。

我让妈妈失望了。

———————

数据证实，发生在米歇尔身上的事情会发生在成百上千万人身上。这不一定是饮食失调，而是失去自我。你在家庭、学校和工作中的经历可能会让你的所爱离你越来越远，直到有一天你开始失控——与盘子里的食物做斗争，因为看到微笑着的工作伙伴而惊慌失措，在大学辅导员面前号啕大哭，只因为他问了一些关于你自己的问题，然后就只是听你说而已。

为了找回我们那些被埋葬在尘世和尘世中所有其他人下面的东西，我们需要揭露最初究竟是什么导致我们这么多人迷失了方向。因为，这种大规模的自我丧失现象，这种异化流行病，并不是偶然发生的。它们是一个旨在积极地将你和你自己隔离开来的系统所带来的必然结果。

———————

① 1 千克约等于 2.2 磅，因此 74 磅约等于 33.6 千克。——译者注

遗失与发现

"嘿，爸爸，梯形和矩形有什么区别？"

"呃——"

我和16岁的女儿坐在一起，为她辅导几何。很显然，教材编者在这门旨在教会她这一特定数学分支的课程上付出了巨大努力。在这里，她必须分析平行四边形和菱形之间的相似性，描述与等边三角形相比较等腰三角形的特征，并学会计算阴影部分的面积。这是一门详细得令人望而生畏、耗时数年的课程，里面充满了精确的术语、方法、函数、实算及约定。

还没有人将这种思维和课程设计融入那些能帮助我女儿过上最充实生活的技能中。她所接受的训练中缺失那些会在她30岁时唤醒她，或者是在你到了那个年龄时会唤醒你的问题——她的所爱是什么？她忠实于她的所爱吗？她如何能将自己的所爱转化为工作上的贡献？她如何能利用她的所爱从生活中汲取力量？她如何能在不自吹自擂的情况下向伴侣解释她的所爱，或是能看到他人的所爱而不妄加评判？高中，大学，职场，都不会教这些。

这个世界认为她应该自己去弄明白这些问题。

是的，当然，她可以去听史蒂夫·乔布斯的毕业典礼演讲，或者是去听一条令人信服的播客，但是她不会找到任何能达到她几何课严苛程度的东西。这种情况很怪异，在一个家长看来，也非常令人担忧。对于一名雇主来说也是如此，因为他们最终会雇用一个完全不知道该如何贡献自己最大优势的人。

不要误会。我本人是一名几何迷，也酷爱三角学，还有统计学。作为一名训练有素的专业研究人员——一名数据痴——我对数字给予再多的关注都是应该的：哪些数字是有效的，哪些数字是可靠的，它们可以如何被用来揭示生活的轮廓和美。但是，首先，我的女儿不是我；其次，就算她是我，那么世界上最详细的数学课——或者是历史课、法语课、创意写作课，或者是她可能参加的其他任何技能课——对于帮助她学会如何过上自己独有的最充实、最富有成效的生活而言，都是无关紧要的。

事实上，对于你和我的女儿来说，这比无关紧要更为糟糕。高中、大学、职场，所有这些机构都是以这样一种方式打造的：它们会让你的注意力无法聚焦于自己独一无二的所爱和所恶，并反过来让你相信自己并没有什么持久的独特之处。它们是为特定目的而打造的，就是为了说服你，你是一个空罐子，而你人生中的最大挑战就是用爬到上一个梯级所需的技能、知识、分数及学位来填满这个空罐子。

很可能，你的人生一开始并不是这样的。你是由爱创造出来的。尽管我们中的许多人经历过童年的创伤，但是你的父母肯定希望你人生的最初几年是充满爱的。他们凝视着蹒跚学步的你，你的卷发、你的咯咯笑声，你的跟跟跄跄、原地打转、跌跌撞撞，都让他们乐不可支。他们梦想着你的未来，在你身上寻找最正确和最好的地方。他们在脑海中想象你最了不起、最美的模样，并且珍惜它，把它如此紧地贴在心头，以至于你和你所可能成为的人会让他们爱到心痛。你是他们世界的中心，是所有道德、伦理和欢乐的基础。你——你独特的所爱以及它们会如何发展——这才是重点。当他们问自己："她会幸福吗？我该如何帮助她？在她摔倒时，我该如何引导她、支持她、安慰她、把她扶起来？"他们知道，所有这些问题的答案，就是爱。

然后你长大了一点，开始上学，一切就开始了：爱，被蓄意地从你的生活中抽走。

你坐在没有爱的教室里，你的独特性被无情的标准化考试淹没了。你内在的真实自我臣服于外部对你所提出的一切要求。学习变成了单纯的信息传递和确认，教育工程是向你灌输事实和技能，而你被灌输的程度将定期通过测验来检查。最好的学生就是被灌得最满的。

在家里，你的父母似乎也被拖入这个无爱的世界，开始担心成长的问题：你体重、身高的百分位数是多少？你阅读达到了几级水平？你在生日派对上的情商表现如何？出现了那么多新的问题，就好像你的父母正在被评分，依据就是你是否有能力成为一个正常的、适应良好的、百分位排名占第 90 位 [①] 的孩子。你的某些行为可能让他们的声誉受到威胁。他们原先爱真实的你，现在他们恐惧真实的你，担心你是否能达标、他们自己是否能达标。

多年以后，作为一名大学毕业生，你被那些同样只关注你的"罐子"有多满以及还能再装多少东西——技能、经验和证书——的组织所雇用。

现在，在工作领域，你初次接触到：

- 自上而下强加给你的目标；
- 详细的工作描述，定义最理想的求职者所需的技能；
- 反馈工具，让你的同侪和上司有权根据所需技能列表对你进行评判——而且，如果发现你缺少其中一些技能，就会让你

---

① 百分位排名占第 90 位即表现比 90% 的孩子要好。——译者注

接受更多的技能培训，以便充实你的罐子；

- 绩效评估，根据这些技能对你进行衡量，对你进行年终评级，向你提供一份个人发展计划，以记录明年你需要如何做得更好；

- 职业路径，规定了你可以通过哪几条路线向上爬；

- 诸如"成长心态"之类的概念，最初听上去充满善意，但实质上是在告诉你，你的罐子里没有什么独一无二的东西，要想获得成功，你就必须相信，只要你足够"坚毅"或者是进行了足够多的"刻意练习"，你就可以将任何东西装进你的罐子。

以上种种都与你内在的自我毫无关系。在这个体系中，在这个体系中，你的所爱或所恶的独特性并不重要。相反，从学校到职场，你一直被与一套模型进行对照评价。对你的评判不是基于你多么睿智地培养了独特的爱好，而是基于你与模型的匹配程度。

所以，事实上，你不仅会迷失，而且会被隐藏起来——被那些本应该让你发光的机构隐藏起来。难怪我们面临着这样一种迷失者流行病。

爱的徒劳

它们为什么要这样做？学校和职场为什么不认真对待你的所爱？它们为什么不特意向你传授属于你自己的爱的语言并帮助你把你的所爱转化为贡献？它们为什么反而要把你推到一个与自我

隔绝的境地？它们为什么要向你施加这种无情的压力，让你去顺从？它们为什么不以你这个个体为出发点，跟随你走过所有藏着你独特的所爱与所恶的门厅、走廊和秘密通道？

当米歇尔躲在桌子下面，以便可以尽情地享受自己对颜色和图案的热爱时，她知道这里面有她爱的东西。这个爱去了哪里？为什么没有任何人对她的所爱感到好奇？为什么没有任何人问她最喜爱哪种图案以及为什么？为什么没有任何人仔细研究她的所爱的确切细节，以帮助她了解如何将所爱的东西转化为一种贡献或是一种学习？为什么没有任何人教她如何利用自己在学校或者是后来在工作中的日常经验为自己的所爱增添更多的特殊性以及她能够用它们来创造什么？

为什么没有人像唐尼对待自己班上以及他所在的学校里的数千名学生那样对待米歇尔？为什么与他的一小时谈心活动会是大家生平第一次获得这种学习机会——向学生提出开放式问题并且倾听——不纠正、不建议，只是倾听，倾听他们生动真实的回答？

学生们是不是因为欣慰而流泪——因为终于有人不再试图填满他们的罐子，而是对已经在那里面的东西表现出好奇？这泪水是不是一种释放——因为在被看见、被听见的同时不必给出"正确"的答案？还是说，这是悲伤和遗憾的泪水——因为他们自己都不再记得他们爱什么，他们是如何做出选择的，以及他们上一次感到时间飞逝是什么时候？

我们的机构并不是出于恶意才这样做的；学校主观上并不希望学生被异化并感到压力重重，正如公司并不希望员工感到迷失、不能做真实的自己。

它们这样做——建立无爱的学校和职场——是因为它们认为自己是务实的。学校旨在培养能够在标准化考试中表现优异的学生。工作场所旨在确保负责相同工作的每一个人都以相同的方式完成它，从而使产品和服务体验都能以相同水平的质量交付。

在一个学校和职场计划都是为了创造统一结果的世界里，你那独一无二的爱的模式有什么价值？对实用主义者而言，它的价值为零。更准确地说，它的价值为负。你独特的爱被视为一种障碍，让学校和工作场所无法生产它们想生产的东西。在它们看来，与成功密不可分的，是将你的所爱从你身上挤掉，因此，学校采用标准化考试，职场则要规定目标、技能、品质和职业路径。

所有这些都很合理——如果你真的是个空罐子，如果你独特的好恶模式确实是完全可塑的，如果你只要练习得足够多就真的能获得任何你想要的技能或品质，如果你在 11 岁时所感受到的如此真实的自我独特性只是一种童年的错觉，如果长大真的仅仅意味着脱离自己的所爱并用你的学校或职场要求的任何统一的爱好来取代它们。

但是，当然，这一切都是错误的：你不是，也永远不会是一个空罐子。没有人强迫米歇尔坐在桌子下面画各种颜色和形状。她姐姐本人不想这样做，也不想让米歇尔这样做。她的母亲也一样。但是米歇尔确实想这样做；她有这样做的需求，而且这种需求从未消失过。

唐尼的学生无一是空罐子。他们真诚地向他吐露心声，因为终于有人能看见他们了。有人允许他们说："嘿，这就是我。我已经有一些喜爱和厌恶的东西了。请看看我的内心。不要纠正我。不要告诉我如何打破我的模式。帮助我看清楚我的模式，然后，也许，你可以帮助我了解如何充分利用它们。"

对于我，对于米歇尔，对于那些学生，对于我们所有人来说，被视而不见都是一件极其痛苦的事情。从根本上讲，这种学生迷失和员工异化的流行病源于被欺骗：你被告知你的所爱不是真实的。

好吧，不能继续这样下去了。如果教师们要向学生提供的不仅仅是一个可供哭泣的肩膀，如果米歇尔要从桌子下面走出来，如果你要勇敢地做最优秀的你，那么我们就必须做出改变。我们必须想办法把爱重新融入我们的生活——融入我们的学校、工作场所、育儿方式及我们的人际关系。

我们每个人都是与众不同的。正如黑人女权主义学者金伯莉·克伦肖（Kimberlé Crenshaw）提醒我们的那样："用相同的方式对待不同的事物会产生与用不同的方式对待相同的事物一样多的不平等。"

她主要指的是种族和经济不平等，但她的见解适用于更广的范围。坚持对我们所有人一视同仁的学校和工作场所是压迫的根源。现在是时候停止这种压迫、设计更好的学校和更智慧的工作场所了。这需要我们所有人做出努力。

而且，这项工作不是从这些机构开始，而是从你认真对待自己的所爱开始。

接下来，将是如何做到这一点的路线图：如何踏上旅程，你沿途将遭遇的恶魔的名字，以及战胜它们所需的工具。所以，套上马鞍，系好安全带，让我们去为你创造一种更强大、更真实、更充满爱的生活方式吧！

你的命灵

（而且你很神奇）

你的生活中是否有人明明知道自己爱什么，但却没有机会表达出来？他们拥有一些奇妙的天赋，但是由于运气或环境的原因，从未找到与世界分享这些天赋的办法。他们的日子过得很好，甚至可能很富裕，但是在某些重要的方面，却不是那么优秀。毫无疑问，这并不是一种浪费，可尽管如此，却是一种没有抓住机会的人生，一种没有表达出独特性的人生。一种半饥半饱的人生。

也许这个人不是你生活中的某个人。也许他就是你。你过得一帆风顺，境况不错，工作很容易应付，银行账户相对充裕，但总觉得缺了某样东西。黑胶唱片在转盘上旋转，但是唱针却没有碰到凹槽。你在工作中投入了时间，但这是公司的时间，而不是你的时间。你脾气暴躁，你不知道为什么。你在工作中取得的成功感觉很空洞，你不知道为什么。你发现自己对在工作中获得的赞扬、收获的知识、甚至是赚到的钱都感到愤怒。你暗地里厌恶这一切，但你不知道为什么。

这种糟糕的感觉很奇怪，不是吗？就好像你是自己人生中的一位过客，看着世界从身边掠过，但却从不曾下车在这个世界中采取行动。

那么有没有发生过相反的情况？在你的生活中，有没有人紧紧抓着他们所爱的东西，以至于没有任何东西——家庭也好，经济激励也好，挫折也好——可以把他们从自己的道路上拽下来？

米歇尔·奥巴马（Michelle Obama）已经是一名成功的企业律师，但却认定自己热爱的是公共服务。在此之前，她向母亲倾诉她讨厌自己的工作并被告知："现在去挣钱，以后你会幸福的！"但是她辞去了高薪工作，开始从事非营利工作和教育事业。

演员郑肯（Ken Jeong）在担任内科医师十年后，认定自己对喜剧表演的热爱是如此强烈，以至于无法再被压抑。现在，他因在三部《宿醉》（Hangover）电影中饰演周先生而闻名于世，此外，他还出演了其他许多影视剧。

列什马·萨贾尼（Reshma Saujani）已经在企业金融领域开创了受人尊敬且利润丰厚的职业生涯，但却放弃了它所提供的舒适条件，转而致力于缩小计算技能方面的性别差距。她离开了自己的投资公司，创办了非营利组织"编程女孩"（Girls Who Code）。

马德琳·奥尔布赖特（Madeleine Albright）一开始是为《大英百科全书》工作，同时抚养她的两个女儿，并在这里或那里做一些志愿者工作。后来，也许是受到自己的硕士论文的启发，她认定，她的真爱是国际关系。她将一生投入到这份爱好中，在历届美国总统政府中从事过各种工作，直到成为比尔·克林顿领导下的第一位女国务卿。

在你的生活中是否有人像这些人一样认真对待他们的所爱？你能看懂他们在自己身上看到了什么吗？你能看懂他们所做的选择、看懂他们是如何想办法用生活来充实自己而不是让自己精疲力竭的吗？你能看懂他们是如何过上如此充实的生活的吗？

是啊，这就像个谜团，不是吗？引述此类名人范例会让过充实的生活显得比实际上容易得多。即使你确实认识某个忠实于自己所爱的人，你也并不总是清楚他们是如何做到的，以及他们是否是你真正可以效仿的榜样。他们的时机把握，他们的选择，当然了，还有他们特有的爱好，是完全为他们所独有的，那么你应该把他们故事中的哪些部分移植到自己身上呢？

为了帮助你重新找回自我，在完全属于自己的生活中蒸蒸日上，你需要学会一门新的语言，即你的爱的语言。就像学习所有新语言一样，一开始会感觉有点奇怪，比如，新的词汇和语法会模糊而不是揭示你的世界。但是经过一些练习，很快你的熟练程度就会提高，你会发现自己能够理解许多过去显得很神秘的事物。

熟练掌握自己的爱的语言将帮助你了解应该倾向于哪些选择、避免哪些选择。它将帮助你塑造你现有的工作，让它召唤出你的最佳优势；或是在求职面试中清晰地描述自己，让自己在所有应聘者中脱颖而出；或是在团队中选择合适的角色；或是让自己成为一名能够很快获得追随者信任的领导者；或者，在某些时候，帮助你审视自己目前的角色并认定这份没有爱的工作对你来说是完全错误的。

你的第一个词汇

这门语言要学习的第一个单词是"命灵"（Wyrd）。

它的发音与"古怪"（weird）相同，但它是一个名词，比如："你有一个命灵。"

你确实有一个命灵。这是一个古老的挪威语术语，意思是每个人生下来都自带一个独特的精灵。这个精灵是你独有的，它会引导你热爱某些事物，厌恶另一些事物。拥有一个命灵并不意味着你在一生中不会学习和成长。它仅仅意味着，当你与这个命灵接触并追寻它所引导的方向时，你将实现最大程度的学习和成长。

命灵的概念显然是精神意义上的。今天我们并不需要精神来确认你的命灵存在。我们现在知道，你的好恶模式是由你的染色体碰撞产生的——你父母的基因走到一起，在你的大脑中形成了一个与他人截然不同的突触网络。你奇特的大脑模式是如此错综复杂，如此细致入微，又是如此浩瀚广泛，以至于在它的独特性面前，你与相同性别、种族的人，甚或是你的家人之间的任何共同之处都显得微不足道。你的大脑中有1000亿个神经元——是的，数量很多——但是你的个体性的真正来源是这些神经元之间的联系。

接下来的数字令人震惊。每一个神经元都会向外延伸，与其他神经元建立至少1000个连接，这就意味着，即使你的大脑在童年期经历了几轮突触修剪，在你的大脑中仍有100万亿个连接。

这个数字有多大呢？由于银河系中有大约4000亿颗恒星，因此你大脑中的神经元连接数量超过了250个银河系的恒星。这就是你的个体性的真实广度，你的命灵的规模。世界上没有任何其他人——过去没有过，未来也不会再有——拥有和你相同的 100 万亿个神经元连接的模式。你记住了什么，你忘记了什么，什么会让你笑、让你不耐烦、让你生气、让你开心、让你害怕、让你平静、让你感到虚弱——这些都是你的模式的一部分，与任何人都不相同。当你走过人生时，你所看到的世界只有你一个人看到了。你对这个世界的反应是你独有的。你的所爱——那个行动，那个互动，那个人的笑声，那次对抗，那次散步，那张空白画布，那行电脑代码，两块厨房瓷砖之间那个完美的颜色搭配——全都是你的，也只属于你。

请咀嚼以下事实：在你的身上有许多星系。这些星系只会在你的有生之年发出耀眼的光芒。而且，在你死后，一旦它们不再发光，就不会再有任何人或物以同样的方式发光。这简直太厉害了。多么大的责任！多么好的机会！你的所爱对我们其他人而言是多么了不起的礼物！

然而，面对必须将所有这些爱转化为贡献的问题，我们做了些什么来帮助你？由于被你内在的星系的巨大规模和复杂性所吓倒，所以我们告诉你要移开视线，要向外看。我们教你什么是平行四边形、语法、总统以及国家。但是与此同时，你始终能感受到你的所爱、你的命灵在你的体内不断盘旋，盘旋向上，盘旋而出。你无法控制自己。

关于你的命灵的三件事情

首先，你的命灵与你对自我的意识紧密交织在一起，以至于要弄清楚它究竟是什么模样会很困难。要发现你的命灵，就要相信你的所爱。要相信你乐于接近的事物、让你感到快乐的事物、让你感到自己获得掌控力的事物、让你感到喜悦的事物——要相信所有这些小小的爱的迹象都值得认真对待，因为无论任何人对你说什么，每一个迹象对你来说都是绝对独一无二的。

很可能你从未听过这样的话，因为大多数心理学，以及社会心理学，都致力于将你——以及所有其他人——进行分类。比如，你很合群，而这里的这个人则很害羞；你很有条理，而那些人则喜爱心血来潮；你喜爱竞争，而他们是无私的。

这么做可以让他人更容易应对你的命灵的复杂性——那可是数万亿的突触连接啊，但这并不代表这么做是正确的。你不是一个类别。你不适合进入任何类别，除非我们所说的类别里面只有一个成员。

米歇尔有两个孩子，都是男孩。其中一个喜爱做饭，但是在厨房里他就像《花生漫画》里的人物"乒乓"。在他做饭的时候，黄油看上去就像是从墙上炸了出来，草莓会卡在最深的缝隙里。他很"杂乱无章"，对吗？哦，不对。去他的房间看看，你会看到他的衣柜采用了颜色编码；每天晚上睡觉前，他都会把第二天要穿的衣服拿出来。而他的哥哥每次走进厨房时——无论是打开一盒果汁还是剥开一个橙子——都会径直走到水槽边，抹上免洗手消毒液，擦干净附近任何地方的残留物，然后将所有东西整齐地放回冰箱或餐具室的固定地方。所以，他是个"一丝不苟"的人，对吗？嗯，又错了，不是这样。去他的房间看看，那里就像纸巾仙女偷偷溜进来过，吐了满屋子的脏纸巾。

你和你的命灵有着类似的难以确定的品质。你的所爱——即那些特别的感觉，在米歇尔的孩子这里，会促使一个清理衣柜，促使另一个清理厨房——是通向你的命灵的最佳线索。在接下来的几章中，你将了解到本该一直有人教你的东西：如何发现爱的迹象并利用这些迹象来找到驻守在你内心世界的东西——你的命灵。

关于命灵的第二件事情是，它可以成长。它可以变得更聪明、更有效、更少些戒备心。但是它做不到的是改变它的形状。

这里面的神经生物学原理是，你的突触网络会在原先已经很强的区域变得更强，而在原先已经很弱的区域变得更弱。虽然你的大脑在你的一生中始终保持着可塑性，但是它会在那些你拥有最多先前已经存在的连接的区域增长更多的突触连接——但那些突触密度较低的区域随着时间的推移会愈发萎缩，变得更为稀疏。这就是为什么脑科学家将你的大脑发育描述为在现有的分支上创造新芽，而不是创造新的分支。

在那些你已经表现出某种天生的自如、嗜好和能力的领域，你将体验到最强大的学习和成长。而在那些已经令你痛苦不堪、几乎找不到爱或快乐的领域，你将成长得最慢。

这听起来是件显而易见的事情，不是吗？但是很显然，脑科学家并没有和你的老师或经理交谈过，因为在学校和工作中，正是那些令你痛苦不堪的领域被标记为你的“机遇领域”或“发展领域”。事实上，情况恰恰相反。你的弱点需要解决，但是你本能的所爱才是你将获得指数级成长的地方。

第三件要知道的事情是，如果你非常想改变自己的某些方面，那么命灵就是你最好的向导和资源。与人们的直觉相反，治愈焦虑、对公开演讲的恐惧或焦躁性格的秘诀不在于调查这些“弱点”、找出它们的根本原因及努力解决它们，而在于调查你的所爱。你的所爱——你会在特定的活动、情境、语境中和特定的时刻感受到它们——是睿智的。正如我们将在接下来的几章中看到的，你的所爱是如此强大、如此明确、如此睿智，以至于只有它们才能告诉你适合你的应对生活挑战的正确方法。

所以，要想在生活中茁壮成长，就要从信仰的这一飞跃开始：在你的内心有一个命灵，一种所爱与所恶的异常复杂的组合。这种组合有变得美丽和强大的潜力。它是你所有成功的源泉，当全世界都似乎在与你为敌时，它就是你的救世主。

哦，还有一件事。虽然古人在很多事情上犯了错误——比如行星运行、疾病理论、地球形状——但是他们对命灵来源的看法是正确的。这个命灵，这个"真你"，在你出生时就伴随着你，而不是由你的成长经历创造的。

如今，你被告知相反的东西："你"并不在那里，"你"只是你的经历和创伤以及你向自己讲述的关于它们的故事的总和，而为了在生活中茁壮成长，你必须摆脱创伤，向自己讲述不同的故事。

但生物现实是截然不同的。是的，你的创伤和你向自己讲述的关于它们的故事可能会阻止你看到你的丰富性和你的命灵。而且，是的，治愈这些创伤将帮助你更清楚地看到你的命灵。但是创伤只是一种障碍，让你看不到自己内心真正的东西——创伤并没有导致它，也没有创造它。无论你在人生的旅途中处于哪个阶段——你可能刚开始上大学，或是正处在职业生涯的中期，或是正在担任自己公司的首席执行官——你都要坚定地相信自己在内心拥有一个完全且仅仅属于你的命灵。

在接下来的几章中，你将学到如何为命灵添加细节。我向你保证，你的命灵是有价值的、奇妙的、能干的、古怪的。仅仅因为还没有人告诉你该如何找到它，并不意味着它就不在那里。

工作是为了爱，爱是为了工作

回想一下你所认识的那个过着充实生活的人。你能感觉到他们参透了某种奥秘，不是吗？他们以某种方式切断了所有噪声，并将自己调谐到一种只有他们自己才能听到的信号。而且他们这么做的时候并没有不顾自己的工作。相反，他们似乎是通过他们的工作来做到这一点的。他们的所爱和工作密不可分。

在他们看来，"工作"不仅意味着"职业"，也不仅是体力劳动或脑力劳动。其实，"工作"是他们为他人创造的任何有价值的东西。是的，你的职业——如果做得好——就是工作。但是学习也是工作。在一段恋情中支持所爱的人是工作。养育孩子是工作。参加社区活动是工作。分享你的信念是工作。你为他人提供任何有价值的东西也都是工作。你的人生，如果活得充实，就是在你的感受——即你的所爱，以及你对他人的给予——即你的工作之间寻找最牢固的联系。

在这里，你可能会把爱和工作看成是对立的，就像隔着不可逾越的鸿沟的对立双方——因为，爱是狂野的，工作则是讲纪律的；爱是流动的，工作则是结构性的；爱是无法形容的，工作则是详细而明确的；爱是柔软的，工作则是强硬的。但是这种对立经不起推敲。

当你看到有人某件事情做得很出色时，这里面总会有爱的成分——无爱的优秀是一个自相矛盾的说法。当有人怀着爱做什么东西时，你可以感受到交织在创作中的情感。用爱烹制的食物味道更鲜美。用爱书写的文字让我们陷得更深。用爱编码的软件给人的感觉和功能都与众不同。我有一项用爱做出来的帽子，是我从加州奥哈伊的一个人那里买的。他每年都会去新墨西哥州和俄克拉何马州观看牛仔竞技表演。每当他看到一顶牛仔帽让他很感兴趣时，他就会把它从牛仔的头上直接买下来，带回奥哈伊，在附近的赛斯佩溪中洗一洗，然后挂在小溪边的围栏上晾干，再用古董灯罩上的珠子装饰它。这个过程再古怪不过了，可一旦我让他谈起这件事，他就会变得十分令人着迷。我没法让他停下来。为什么有些帽子能让他感到愉快，有些却不能？为什么串珠很重要？为什么他在内布拉斯加州从没有找到过一顶好看的帽子？他滔滔不绝地说着，陶醉地和我分享他对帽子艺术的独特且复杂的品位。我现在已经想不起来为什么内布拉斯加州的牛仔们都戴着没趣的帽子，但我知道，每当我戴上我的帽子时，我会笑得更欢。

爱与韧性，爱与宽恕，爱与创造力，爱与协作，它们都是相关联的。如果没有爱，则所有这些深刻且极其美好的存在都是不可能的；如果没有爱，它们就都是冒名行骗者。

当你爱上另一个人时，你的大脑的化学组成会发生变化。我们还不知道浪漫爱情的确切生物化学起因——它似乎是催产素、多巴胺、去甲肾上腺素和后叶加压素的某种组合。但是研究确实表明，当你在从事你所爱的活动时，我们会在你的大脑中发现同样的化学组合鸡尾酒，它会给你带来快乐和惊奇的感觉。在这杯鸡尾酒的影响下，你会用不同的眼光看世界。你会更热切地注意到别人的情绪。你能更生动地记住细节。你能更快更好地完成认知任务。你会更乐观，更忠诚，更宽容，并更乐于接受新的信息和体验。神经生物学家们的研究表明，这些"爱的化学物质"对你的大脑皮层进行了异常调节，从而拓宽了你对自己的视角，解放了你的思想，让你接受新的想法和感受。《爱 2.0》（*Love 2.0*）的作者芭芭拉·弗雷德里克森（Barbara Fredrickson）等心理学家的研究表明，恐惧的进化目的是为了将你的注意力集中于少数明确的选择上，如非战即逃，而爱的目的则是在你的心中创造安全感和联系感，从而拓宽你的前景，建立你的优势。

不过，你可能不需要科学解释。你能感觉到爱对你的影响，不是吗？当有人在机场安检处插队时，你会挥手示意他们先走。当排在你前面的顾客在他的钱包里搜索某个确切数目的零钱时，你会微笑着说："没事，伙计，我也遇到过这种事。"当你和你所爱的人争吵时，你会发现很容易从伤痛中恢复过来，并伸手拥抱对方。当一个项目进行到一半停滞不前时，你会是那个召集团队继续进行下去的人。你是开明的、兼收并蓄的、不断创新的、体贴入微的。爱会赋予你所有这些品质。爱会让你成就更多。

如是，最充实的生活就是你的所爱和你的工作在无限循环中流动。一方的能量为另一方的能量提供燃料。因此，你在人生中做出持久贡献的唯一方法就是深刻理解你所爱的是什么。反过来说：除非你深刻理解如何为他人作出贡献，否则你就永远不会过上你所爱的生活。

从这个意义上说，你工作的真正目的是帮助你发现你所爱的东西：工作是为了爱。

而爱的目的则是帮助你了解在何处以及如何作出贡献：爱是为了工作。

爱是关注

乔治·克鲁尼的妹妹为什么没当演员？

在你深入自己内心、找寻自己与众不同、独一无二之处的旅行中，你有没有感到过自己和兄弟姐妹不一样？或者是表兄弟姐妹？或者是最亲密的朋友？

你当然有过。你不仅仅是感觉到了，而且你知道自己和他们不一样。你知道你们不会因为同一个笑话而哈哈大笑，不会在相同的科目上表现优秀，也不会因为同样的挑战而兴奋不已。

你有没有想过这是为什么？

你肯定没有得到太多的指导来想清楚所有这些问题。无论是在学校还是在职场，你都会被告知很多关于性别、代际、宗教和种族的差异，以及为什么你应该尊重这些差异。但是那些背景与你更相似的人呢？那些背景与你完全相同的人呢？为什么尽管有着所有这些相似之处，你仍然与他们如此不一样？

我很幸运，有两个才华横溢的兄妹。我哥哥尼尔在钢琴上展现出了如此巨大的潜力，以至于在九岁的时候就被请出了学校的音乐课堂，让考德罗先生接手教他。考德罗是一位身材矮小的行家，能够教他如何培养自己的音乐天赋。

我妹妹皮帕同样富有天赋，但她的长项是舞蹈。11岁时，她被皇家芭蕾舞学校录取，但她拒绝了——"他们会让我不再和朋友一起玩、不再参加体育运动，所以我为什么要去呢？"很有道理。因此，她继续待在普通学校，并快乐地打冰球，直到两年后，皇家芭蕾舞学校又回来了，再次试图招募她投身于舞蹈事业——很显然，她拥有非常罕见的天赋。这一次，她松口了，从此我们就再也没有见到过她了。

说再也没有见到过她是夸张了点，不过，她后来的确成为一名职业芭蕾舞演员，一干就是20年，具备这个职业要求的所有奉献精神和专业素质。

我没有展示出类似的天赋。我父亲相信我肯定有一些，所以他一直把各种乐器塞给我，而我也很乐意接受。我说"乐意"是因为我非常想拥有音乐天赋。我看到我的哥哥和妹妹得到了那么多的关注，而我也想得到一些。每年圣诞节，在节礼日，我们都会为朋友和邻居进行一次像电影《音乐之声》中冯特拉普上校家那样的演出，由白金汉一家创作和表演歌曲和舞蹈。更确切地说，这些歌是由我父亲创作，由我哥哥表演的，而我妹妹则负责编排和表演舞蹈。

他们给了我一顶圆顶礼帽和一个长号，并让我站在后面——他们会告诉我什么时候吹。

长号是爸爸塞给我的一长串铜管乐器中的最后一个。短笛，小号，法国号角——我的嘴唇太厚了，不适合它们的小吹口。上低音号、活塞军号——我的手指似乎无法弄明白那些阀键。于是我改吹长号。没有阀键，只有一根滑管，还有一个棒棒的大吹口，适合我棒棒的大嘴巴。我喜爱这个乐器本身——喜爱它靠在我肩上的样子，当我移动滑管时它发出的声音，以及乐器盒中触感美妙的天鹅绒。但是，对可听距离内的所有人而言它都是个遗憾，因为我弄不懂该如何演奏它。在我的手中，滑管对我周围的人而言与其说是制造音乐的工具，不如说是一种危险。"这是一件乐器！不是武器！"我的指导老师可怜的托德先生喊道。

在我人生的第一个十年里，我花了很多时间想知道为什么我在音乐方面如此糟糕。我可以读懂乐谱上的音符。我甚至可以告诉你音调和节拍符号意味着什么。但我就是不能把它们转化成音乐。我努力试过。我在该死的长号上面坚持了一万多个小时，但我的水平只是从"很蹩脚"提高到了"挺差劲"。

这令人沮丧，也令人困惑。为什么我的哥哥和妹妹在艺术方面天生能够驾驭自如，而我，在如此强烈的愿望驱使下，经过所有这些努力，却几乎连一个音符都无法表达出来？我不知道为什么。我至今都不知道。我现在依然希望我拥有音乐基因。如果我下辈子能以任意身份投胎，我将选择成为我哥哥和妹妹的结合体，或者成为大卫·鲍伊 [①]（David Bowie）。

你可能也有同样的感受。也许你不想转世投胎为大卫·鲍伊，但是你可能也会想："为什么我没有我最近的亲人那样的天赋？我们在同样的条件下长大，有同样的基因库，那么为什么我和他们如此不同？"

---

① 大卫·鲍伊为英国著名摇滚歌手。——译者注

这很奇怪，不是吗？因为任何人似乎都没有兴趣给你一种语言来谈论它，或者是给你一个思维框架来理解它。你想知道：我跟我妹妹真的如此不同吗？如果我想变得更像她，或是更不像她，那么，如果我真的很努力去做，我能成功吗？

然而，看看你的周围——在家里、在学校里、在工作中——没有任何书、任何课程、任何培训计划能为你提供任何答案。

性别、国家、宗教、地区、性取向和代际差异是有趣而重要的，但是与你的问题无关。

是的，你可以去了解某人的背景和生平，就好像一个人的人格完全是由其成长过程中所发生的事情创造的一样。你会了解到维纳斯（Venus）和塞雷娜·威廉姆斯（Serena Williams）姐妹的父亲是如何像军事教官一样训练她们打网球的；尼尔·阿姆斯特朗（Neil Armstrong）是如何在 15 岁时拿到飞行执照的，当时他甚至还没有通过驾驶执照考试；乔治·克鲁尼（George Clooney）是如何在他的名人姑妈罗斯玛丽·克鲁尼（Rosemary Clooney）的启发下成长为一名演员的；以及奥普拉是如何在被解除新闻报道职务并被"降职"主持一个几乎无人问津的地方脱口秀节目之后才找到自己的事业的。

这些事情都是真的，但它们大体上无助于解决为什么你会与有着几乎相同成长条件的人如此不一样的问题。要想弄清楚这个问题，需要有人向你解释为什么维纳斯和塞雷娜网球打得如此不一样，尽管她们有着同一位教练、向她们传授完全相同的技术。或者为什么奥普拉渴望聚光灯，而她的妹妹帕特丽夏毕生的梦想却是从事相对默默无闻的社会工作。或者为什么当尼尔·阿姆斯特朗在探索登月之路时，他的哥哥迪恩却一心想成为一名银行经理。或者为什么尽管乔治·克鲁尼的妹妹艾达也有罗斯玛丽这位姑妈，但却成为一名专门从事工资核算的会计师。

你和你的兄弟姐妹如此不同，其原因与乔治和艾达如此不同、维纳斯和塞雷娜如此不同是一样的：没有任何人的大脑和你的大脑是一模一样的。你的神经元连接星系以和所有人不同的方向、角度和方式盘旋。所以，就让你的老师、父母、团队领导及导师们那善意的声音安静下来，去开始了解你大脑中的独特模式吧。

简单来说，这意味着开始关注你情不自禁会去关注的东西。是的，学校和工作会迫使你专注于某些科目和课程，但是你是否能找到一种方法来过滤掉它们的一些噪声？相反，你能看到自己正在看着某种东西吗？——某种未经他人提示的东西；某种你看到的、让你发笑或引起你兴趣的东西；某种当你向别人描述时，别人可能不太理解的东西；某种当你独处时——在深夜，在清晨，在某个地方漫步时——会不由自主地想到的东西。

观察观赛者

能吸引你关注的东西不是随机的，而是某种模式的一部分。因此，要找到你的所爱，就要从你的关注模式开始。

我第一次隐约感觉到——当时只是一种隐约感觉，更像是一种疑似隐约感觉——我的所爱可能天生不同于我的哥哥和妹妹是在我九岁时。那是我去新学校后的第一次运动会，我们所有男孩都穿着全套白 T 恤、白短裤和白色平底鞋站在操场上观看比赛。

我们每个人的短裤边上都缝了一条彩色缎带，以标明我们所在的运动队。我的条纹是紫色的，这意味着我在丘吉尔队。我并没有要求加入这个队伍，我们也没有戴分类帽来指引我们进入这个队或那个队。我只是被告知，在接下来的五年里，这将是我的队伍，而这个队伍的主要目的就是知道在运动会期间该支持谁，更重要的是，该反对谁。

我被告知，是的，我最好的朋友可能被安排在了斯特拉顿队——红条纹队，或是萨恩斯菲尔德队——绿条纹队，但是从现在起，我只能为紫条纹的丘吉尔队的选手喝彩。这在一开始看起来很奇怪，但是当第一次运动会到来时，对自己人的忠诚和对对手的敌意已经成功地渗透到我们每个人身上。

因此，在运动会那天，我和一群（大约30个）男孩站在一起，有的男孩衣服上有紫色条纹，有的则是黄色、红色、绿色或蓝色条纹，我们所有人都在观看跳高决赛。

当第一个男孩，一名红条纹选手，助跑并跃起时，男孩圈里的一个动作吸引了我的注意力。当选手起跳时，几个观赛的男孩抬起了一条腿。我回头观看下一位选手，而我眼角的余光再次捕捉到了那个动作——几个男孩在选手挑战新高度时抬起了腿。

"这太奇怪了。"我想。于是我把注意力从比赛选手那里转移到观赛男孩们身上。随着每位选手冲向横杆，几乎所有的男孩都会用腿做某种抬起的动作，就好像他们在用意志力让他跃过横杆。我以前从未见过这种景象。我转向我身边的男孩——我的队友吉尔斯·默里——问他为什么要把腿抬起来。

"什么？"他回答道，"不，我才没有！"

我继续用眼角的余光观察他，当下一位选手冲过去时，他又这样做了。

"瞧！你又做了！"

"不，我没有！"他低吼道。

哦，这真的很奇怪。吉尔斯是个好人，平时一点儿也不奇怪，可现在，当另一个男孩挑战新高度时，他会抬起自己的腿，然后又否认自己这么做过。

我回头观看其他所有男孩，发现每次有选手尝试跳跃时，抬腿的动作都在发生。而且抬腿动作并不局限于同一队的男孩。当黄队跳跃时，绿队会抬腿；哪怕选手是紫队的，蓝队也会抬腿。有些男孩只是踮起脚尖，其他人则会将一只脚完全抬离地面。有几个男孩甚至把一条腿几乎水平地伸出去，就好像在踢一只看不见的球。

我被迷住了。

那天晚些时候，我四处询问一些岁数大些的男孩，为什么他们会在别人跳高时抬起自己的腿。他们叫我闭嘴。我向健身房老师请教了关于抬腿的问题。他没有叫我闭嘴，但却摇摇头，一副"我不知道你在说什么"的表情。我向我的科学老师请教这个问题。她认为我可能弄错了。我问了妈妈、爸爸和哥哥。我对这种怪异的集体抬腿行为很着迷。然而，不仅没有人能解释这件事，而且似乎也没有人和我一样对此着迷。

我一直没有得到答案。没有任何人给我答案。但是这个现象并没有仅仅因为没人能向我解释而消失。每次运动会，我都会观察跳高比赛的观赛者，而每年我都会看到同样的未经编排、不自觉的抬腿动作。每年我那种隐隐约约的感觉都会加强：我意识到了一些其他人没有意识到的东西，而且，出于某种原因——我也不知道是为什么——我似乎是唯一一个对此怀有极大热情的人。

在那时候，我知道这将是我众多嗜好中的第一个吗？我知道我会利用这个嗜好来打造作为一名研究者的职业生涯吗？我知道我会用我的一生去注意并试着解释在现实世界中观察到的人类行为吗？我知道20年后意大利科学家贾科莫·里佐拉蒂（Giacomo Rizzolatti）和他的团队将发现镜像神经元的存在，而抬腿动作是我们本能反应的一种表现，以反映他人的情绪和行为吗？我知道尽管学校努力打造团队忠诚和敌意，但抬腿动作却证明了每个人类对另一个人类的经历具有天然同理心吗？

不，这些我都不知道。我只知道，我看到了一种真实的东西，它让我感到高兴和好奇，而其他人似乎都没有以同样的方式关注它。

面对哥哥和妹妹的音乐天赋，我紧紧抓住了这一小小的差异。

你也可以这样做。你会发现自己在对着某样东西大笑，而别人都没有笑，或者是记得某个其他人都已忘记的细节，或者是被麦片的包装、海水在你身上的感觉或是蛤蟆和青蛙之间的区别迷住了。

当你这样做的时候，你最初的倾向可能是忽略你在自己身上看到的东西，特别是当其他人都没有看到你所看到的东西或是感受到你所感受到的东西时。但是，你要努力让这种顺应他人的冲动从你身上消失。正如米歇尔所发现的，要想找到自我，就得坚定地相信你的所爱并不奇怪。它们就是你，你的命灵，你的本质，以及你身上所有特殊的、珍贵的和强大的东西的来源。

关注你所关注的东西，怀着自信而不是歉意。

然后，为了更深入细致地了解你的所爱，要仔细寻找三个爱的迹象。我们将在接下来的几章中探讨它们。

本能

我能演国王吗？

<big>爱</big>有很多迹象，但是在你回归自我内心的旅程中，首先要注意的是——本能。

当你爱上某人时，你找不到词语来解释为什么。你遇到他们，情不自禁地注意到他们的黑色牛仔裤、没有系鞋带的鞋子，以及他们走路的时候，包似乎快要从肩膀上掉下去了，但又一直没掉下去。你的注意力把你吸引过去，然后你会注意到更多。他们是如何傻里傻气地学狗叫的，他们是如何握叉子的，他们喝东西时是如何把嘴唇凑向杯子的，以及他们是如何总是说到做到的。所有这些东西汇集在一起，形成了一组这个人正在发出的信号。出于某种原因，这些信号让你感到震惊。他们身上的每一个细节都被强化了。于是你恋爱了。

"但是为什么？"你的朋友问你，"没有系鞋带的鞋子、叉子、包，你为什么对这些东西会有那种反应？它们为什么没有让你感到生气？你怎么会注意到那些东西？"

你说不上来。你做了是出于本能，但是你为什么做则是无法解释的。

那个人恰好发出了你能接收到的信号，并以一种让你愉悦和感兴趣的方式与你产生共鸣。哪怕跟他们见第 100 次面感觉也像是第一次。"我不知道，"你向朋友坦白，"这一切就是让我着迷。"

面对生活中的一切时刻、活动和语境，与这相同的本能反应都会发生。每一种活动、每一次互动都充满了情感，无论是积极的还是消极的。每一个时刻都会击中你，而你会照单全收，它要么让你振奋一点，要么让你沮丧一点。没有任何一个时刻的效果会是零。这就好像你的生活每天都在向你发送信号，而你天生会喜爱其中的一些信号，忽略、甚或厌恶其他的信号。与爱情一样，你所喜爱的这些信号是本能的、个体化的、无法解释的。

你走进一家瓷砖店，就好像走进了交响乐团。每一块石头、每一个表面、每一种图案似乎都在呼唤你，让你为它精致的光影效果和细微变化而感到愉悦。它们的声音对你来说似乎太响了。这么多声音，这么多可能性，你会思忖：我这辈子从未见过这么多式样！

这时你姐姐拍了拍你的肩膀，说："听着，我们可以在这里待15 分钟。如果你能帮我找到适合搭配沙发的瓷砖，那么我们就有足够的时间去塔吉特店里买一些垃圾桶。"

于是你呢，不太知道该说什么好。你正沉浸在自己的世界里。你本能地觉得自己想在这里待上一整天，而你姐姐的本能则要让你们俩尽快离开这家店。她看不见你所看到的，也感受不到你的感受。

或者再想象另一个情景：你正在办公室里。没有任何理由地，你知道你必须就你的同事今天上午对你的客户所说的话与他对质。会面很快就结束了，他匆匆地去了别处，所以现在你正穿过大楼试图找到他。"算了，"你的队友说，"已经很迟了，明天再说吧，这事可以等一等。"

但它不可以等。在你的世界里不可以。在你的客户身上发生的事情是错误的，而当你看到错误的事情，你就会一直深受折磨，直到你与当事人对质并纠正错误。有些人会回避艰难的对话，可对你而言，这并不艰难，而是既简单又明了，完成它们会让你感到精力充沛。

你的队友感到困惑而恼怒，离开了你，而你则本能地去查看下一个会议室。

在你的旅途中，你必须知道的诸多事情之一是，没有人比你更了解你的直觉。别人可以告诉你他们是否喜爱你挑选的瓷砖，或者他们是否觉得你与同事的对质有效果，但是只有你自己知道哪些活动会让你本能地被吸引过去、哪些活动则不会。你的生活在不断地向你发出成千上万个信号——以各种行动、各种人、各种情境的形式——但是究竟哪些信号会让你情不自禁地接受，你才是唯一的判断者。在你的世界中，你就是最睿智的人。

我能演国王吗？

从我记事起，我就会本能地自告奋勇上台表演。我们当地教堂上演的圣诞剧非常令人兴奋，因为每年附近的孩子们都要去试演，然后在圣诞周演出整整七个晚场和一个日场。我哥哥总是得到天使加百利的角色——那些天使都能唱出很动听的歌声，所以很显然，尼尔稳操胜券。我的妹妹皮帕总是扮演玛利亚——典雅和美丽的化身，用优雅的手臂轻轻摇晃着婴儿耶稣。

我并没有一个十拿九稳的角色，但我不在乎。每年我都期待着整个试演过程，并会在试演日期公布前几个月就开始准备。

现在回想起来，这很奇怪，因为我从没有得到过我想要的角色。

有一年，我的目标是饰演一个国王，无所谓是三个国王中的哪一个。然而我却得到了使徒彼得的角色。第二年，我把希望寄托在约瑟夫身上，但是却被指派扮演驴子。在最后一年的尝试中，受音乐剧《万世巨星》（*Jesus Christ Superstar*）的鼓舞，我选择了希律王这个强大但却在道德上有问题的角色，结果却得到了"多疑的多马"这个角色。当我抱怨说他是个无足轻重的角色时，当权者们心软了，让我扮演犹大。

我所选择的所有角色——尽管动机和戏剧性截然不同——都有一个共同点：他们都有台词。

然而所有分派给我的角色都有一个共同点：他们都没有台词。我最接近说台词的角色是犹大——我必须用手指指着耶稣，大喊一声："他！"这就是我舞台表演的高光时刻。

可尽管年复一年地失望，但我还是情不自禁：冬天会降临到我们的小乡村教堂，而我则会本能地举起手臂。我告诉自己，今年我会说上几句台词。当然了，结果并非如此。

当时，我认为戏剧组织者们太卑鄙了——难道他们就不能给我一句短短的台词吗？现在，回顾这一切，我意识到他们一点儿都不卑鄙，他们只是在保护我而已。他们试图让我免遭尴尬：在舞台上扮演有台词的角色——但却说不出话来。

要知道，从我第一次尝试说话开始，我就没能成功。我口吃，或者说，是个结巴。不是那种会让听者倾过身子微笑的可爱的小口吃，而是会发出那种令人痛苦的、短促刺耳的声音的口吃，第一个单词的第一个字母会堵住思想的河流，让它膨胀成一种又大又吵又丑陋的东西，这时听者嘴边的微笑先是会凝固成不理解，然后就是意识到事情确实不对劲，直到最后爆发出约翰·克里斯（John Cleese）式的气恼：哦！拜托你痛快地说出来！

在我上小学的第一天，当其他孩子都在担心自己是否会喜欢班上同学、是否能加入足球队或者是否会喜欢老师时，我在车上花了十二分钟时间考虑该如何说出自己的名字。我从小就一直在想方设法让自己可以应付对话：七岁时，我已经发现，尽管 l 和 m 总是会让我结巴，但有时 c 可以用 t 来代替，因为出于某种原因，t 这个音更容易发出来。于是，"c-c-color"（颜——颜——颜色）变成了流畅的"tolor"，而"c-c-cars"（轿——轿——轿车）则变成了毫无障碍的"tars"。

不过，专有名词是最糟糕的，尤其是我自己的名字。对于一名口吃者而言，马库斯·白金汉这个名字长得出奇，它根本就不打算让人顺顺当当地把它说出来，能把后面所有的话给堵住，让我被钩在自己长长的名字上苦苦挣扎。而且，与我可以找到更流畅的发音替代其他棘手词汇不同，我自己的名字是无法逃避的，尤其是在开学第一天。

我下了车，妈妈把我交给迎接我们的一个年长的男孩。他天真无辜地问起我的名字。我僵住了。"马库斯"变成了一个长长的

"姆——"。大约 30 秒之后，我放弃了。我俩假装什么都没发生，悄无声息地走进教室。老师问这个年长的男孩我叫什么名字。

"我不太确定。"这个孩子回答，"他说不出来。"

"他没说吗？"老师问。

"不，他说不出来。"

老师带着半个困惑的微笑看着我，问我叫什么名字。

现在我的周围都是同学，我的脸涨成了跟我的红色套衫一样的颜色。我试图爽快地说出"白金汉"这个名字，但是它也卡在我的喉咙里被拉得很长。于是，就在开学的第一天，我的绰号"白——白——白——白金汉"就被起好了。

口吃让我很沮丧。其他人也一样。每个人都能看到这一点。那些善良的教会人士只是想把我从自己这里解救出来。我不停地举手——因为我情不自禁——可他们心里却在想：我们比他知道得更清楚。这孩子的本能失灵了。他并不真想被困在舞台上，结结巴巴地念台词。所以，我们要阻止他。先让他试演，然后让他扮演驴子和"多疑的多马"。这才是正确的做法。

虽然他们很好心，但是他们错了。他们并不比我知道得更清楚。这不是正确的做法。我的本能是站在舞台上试着说话，这些本能后来被证明是如此有先见之明和富有睿智，以至于它们最终影响了我的整个人生历程。

对你来说也将是如此。你会本能地渴望去做一些事情——在你尝试之前，你会发现你在情不自禁地举手，你的头脑在被它们吸引。这些本能是爱的最初迹象。它们之中蕴藏着智慧。

所以，问问你自己："我会为了什么事情本能地举手？"如果完全由你自己决定，哪些活动或情境似乎会吸引你？屏蔽掉世界中的所有其他声音和要求，看看你的答案是什么。无论答案是什么，它们都将是充满意义的。

尊重你自己，聆听它们的声音吧。

心流

找到你的红线

在你做某件事情之前，爱会让你觉得自己本能地想去做它。

在你做某件事情的过程中，爱会让你有异样的感觉，就好像时间在加速流逝。

你有没有注意到这种被称为"爱"的感觉对这种被称为"时间"的现实产生了怎样的神奇影响？当你爱上某个人时，时间似乎既会加快又会减慢，这取决于你所爱的人是否在你身边。在你和爱人在一起之前，时间会拖拖拉拉，每一刻都会延长到极限。你等不及了，但是时间会让你等待、等待、再等待一会儿，而它则在一点一点地慢慢爬上越来越陡峭的山坡。

然后，终于，你和你的爱人在一起了。时间和你在山顶相遇……然后立刻纵身一跃，冲着、跑着、滚着，奔下山坡，沿途不断加速，几小时变成了几分钟，几分钟变成了几秒钟，几秒钟过去了，你抬头看表，时间已经到了。你们在一起的一整天匆匆流逝，似乎只持续了半个小时。

当你在从事你喜爱的活动时，同样的事情也会发生。你是如此深刻地与你正在做的事情联系在一起，以至于所有的时刻都汇集在一起流动，无比流畅、轻松、不可避免。你对这个活动的体验不是一系列清晰的步骤——你不会感到这些步骤与你是分开的，在你的外部，一个步骤进行并完成后才会轮到下一个步骤。相反，这个活动似乎与你融为一体，你是自内而外地体验它，就好像它是你的一部分。

这种感觉很难描述，但我们都有过这种感觉。当我们置身于自己喜爱的活动中时，我们会被包围起来，因此在那一刻我们不再意识到自己。你不是在做活动。你就是活动本身。已故著名积极心理学家米哈里·契克森米哈赖（Mihaly Csikszentmihalyi）称这种感觉为"心流"（flow），说它就是通往幸福的秘密。

像大多数伟大的运动员一样，迈克尔·乔丹以前经常花无数个小时观看自己的比赛录像带，这不是为了给自己打气——好吧，不仅仅是为了给自己打气——更多的是因为当他跳起来抢篮板、突破双人包夹、投中三分球时，他对活动本身太投入了，以至于没有意识到自己正在做这一切。他用重温自己比赛集锦的方式来观看和理解心流中的自己。

我们大家都没有迈克尔的天赋，但是我们都有一些特定的活动能给我们带来同样的感觉——融入行动中，充满流动感，步骤消失了，时间加快了。我们都能辨识它。我们不一定需要用复杂的积极心理学理论来确定我们喜爱哪些特定的活动，我们只需要留意什么时候感到时间在飞逝，什么时候我们和我们正在做的事情成为了一体。

对《指环王》感到厌烦

每个男孩都有一个选择，所以我哥哥尼尔告诉我：你要么是一个指环王男孩，要么是一个纳尼亚男孩。（我不确定女孩们有什么选择。我哥哥从来没有告诉过我。）如果你是一个指环王男孩——就像他一样——那么你就必须决定自己认同谁，阿拉贡、波罗莫、莱戈拉斯或者佛罗多。① 尼尔更像是阿拉贡。很显然，我可以选择任何我喜爱的人，但可能不是阿拉贡。

"我怎么会知道？"我问。

"哦，你会知道的。"他说，"所有人都知道。"

于是，我开始阅读《护戒使者》(The Fellowship of the Ring)②，等待线索出现，告诉我谁是我穿越中土大陆的精神向导。

读了大约四分之一以后，我的问题出现了，与其说我不知道该支持谁，不如说我不喜爱他们中的任何一个人。说实话，我对他们中的任何人都毫无兴趣。我觉得很无聊。霍比特人，戒灵，他们一路上遇到的人，还有整个任务本身，都让我感到无聊。整个事情看起来既不有趣，也不重要。

"没关系。"尼尔向我保证，"你应该是纳尼亚人。"

于是，我又去读了《狮子、女巫与魔衣橱》(The Lion, the Witch and the Wardrobe)③。但这本书也没能吸引我。

"别担心。"尼尔说，"读读看《黎明踏浪号》(The Voyage

---

① 句中人名以及下文中的霍比特人、戒灵等，皆为《指环王》一书中的角色。——译者注
②《指环王》的第一部。——译者注
③《纳尼亚传奇》的第二部。——译者注

of the Dawn Treader)①，就连《指环王》（*LOTR*）的书迷也喜爱这一部。"

我照办了，但我没有，我不喜爱它，一点儿都不喜爱。我觉得这本书实在让人提不起兴趣，我甚至都没读到"最精彩的部分"，也就是尤斯塔斯化身为龙那一段。

在尼尔看来，我有点不可救药；对我自己来说，我则感觉非常令人失望。我这人很古怪：为什么我不能像其他孩子那样去钻研这些书并热爱它们呢？也许我天生不是读书的料。如果阅读应该是有趣的，而这些书又是有趣的书中最有趣的，那么，好吧，这就让我成为圈外人——一个不爱读书的人。

在接下来的几年里，我基本上一直是这样。是的，我偶尔会尝试看一点科幻小说，此外，当然了，我会阅读学校指定我阅读的书籍，但阅读是享受吗？不，对不起，对我而言不是。我就是不爱读书。

接着，在一个圣诞节的早晨，我的圣诞节礼物中出现了一本丹尼尔·布尔斯廷（Daniel J. Boorstin）的《发现者》（*The Discoverers*）。当时我 16 岁，早就不再相信世界上有圣诞老人了，但我年幼的表弟表妹们正和我们住在一起，所以，我怀着仅存的一点点找礼物的小兴奋，早上五点和他们一同起床，在床尾的枕套里翻找我的礼物。（我们家用枕套，而不是长袜子。不知道这是为什么。我妈妈来自北约克郡，所以那里的人可能把所有能找到的长袜子都穿起来御寒了。）

在橙子、顶级王牌游戏卡及内衣中间，有一本书，一本厚厚

---

① 《纳尼亚传奇》的第三部。——译者注

的书——足足有 745 页。我从没听说过它，也没听说过它的作者。我也没觉得它有什么了不起，因为我早就接受了书籍不是我的菜的想法。

清晨 5 点 25 分，表弟表妹们已经打开了礼物，开始互相讲从笑话书上看到的笑话。我的父母还在睡觉。由于距离早餐还有很长一段时间，所以我就翻开我的新书，读了起来。

我想我一整天都没有停止读它。我早餐迟到了。我把书偷偷带进了教堂。我错过了女王的演讲、错过了《莫克姆与怀斯》喜剧特别节目。最后我被大家拖进客厅，参加传统的圣诞夜字谜游戏。

我完全承认，对你——以及其他许多、许多人——而言，读布尔斯廷的书可能就像读电话簿。但对我来说，它太吸引人了。那是我们人类作为发现者的故事。书中没有龙，没有会说话的狮子，没有矮人，也没有咕噜。书中只有真实的男人和女人在努力了解我们的世界是如何运作的，以及我们是如何生活在其中的。

我从未意识到，早期哲学家们的主要任务是找出事物的哪些部分在成长阶段保持不变、哪些部分会发生变化。今天对我们而言很显而易见的是，小马驹只会长成一匹成年马；无论你给小马驹喂什么，它都绝不可能长成公牛。但我们是怎么知道这一点的？在我们了解基因之前，你能提出什么理由来解释为什么小马驹不会长成公牛——除了没人见过这种事情之外？毕竟，毛毛虫会把自己包裹在一个非常不像毛毛虫的蛹中，而蛹又会变化成为一只形状完全不像蛹的蝴蝶。那为什么小马驹不会变成公牛呢？

这类东西可能会让你厌烦得想哭出来，可我呢，我却被迷住了。在我读到这本书以前，我从不知道艾萨克·牛顿对引力的兴趣没有对回答"白光是由什么组成的"这个问题大。我甚至从未想过这个问题，但通过这本书，我可以想象那个情景：他把一个棱镜放在他剑桥寓所墙壁上的一个小裂缝前，看着彩虹在对面的墙上呈扇形展开，然后突然意识到白光是由光谱中的所有其他颜色组成的。

我不知道，虽然人类在2500年前（谢谢你，埃拉托斯尼）就已经知道了如何测量纬度——即你在赤道以北或以南多远，但是，直到1770年，我们仍然没有发现如何测量经度——即你往东或往西走了多远。而且我也不知道为什么纬度这么容易搞定，而经度却让人类大伤脑筋。

在学校里，我并不特别喜爱物理或化学，任何与哲学有关的课程都让我觉得很无聊，但这本书不一样。这一整本书都是为了献给成千上万爱问"为什么"的人的。为什么闪电的光总是先于它的声音？为什么一艘沉重的船能漂浮在水上？它什么时候会沉到水底？你怎样才能把它弄沉？为什么全世界所有的创世神话都有着如此惊人的相似之处？为什么所有人类社会都会将死亡仪式化？在我看来，这些问题太神奇了，堪比佛罗多用他的魔戒所能制造的任何奇迹。它们把我吸引进去，包裹住我，然后把我举起来，穿越时光，送到古亚历山大港，送到1666年大火中的伦敦，送到玛丽·居里夫人和她致命的实验室里。

我终究是个读书的料，只是不爱读虚构小说罢了。对我来说，迫切而紧张的问题不是魔君索伦能否被击败，而是自学成才的钟表匠约翰·哈里森能否在另一支英国船队遭遇海难之前找到测量经度的方法。而且我不仅仅是厌恶小说——传记也让我感到厌烦，而且不知道为什么，就连文笔最优美的非虚构历史书我读起来也觉得像教材。但是任何一本作者试图揭开世界的层层面纱的书，尤其是关于我们人类如何在世界上生存发展的书，几乎都会立刻吸引我。温妮弗雷德·盖拉格（Winifred Gallagher）的《这就是你》（*Just the Way You Are*）、纳西姆·塔勒布（Nassim Taleb）的《黑天鹅》（*The Black Swan*）、史蒂芬·平克（Steven Pinker）的《心智探奇》（*How the Mind Works*）——这些（长篇）著述深深吸引着我，阅读它们时，几个小时感觉就像几秒钟。

找到你的红线

那时候我知道我对这类书的兴趣会指引我的职业生涯并将导致我离开我的家和家人前往美国中西部吗？不，我并不知道。首先，我的兴趣只是我喜爱的东西的一个迹象，我的家人或朋友都没有这个爱好。这个东西属于我，我可以抓住它，并试着弄清楚如何让自己在这个世界上变得有用。

你也会有这样的活动。它们会让你消失在其中，感到时间飞逝。把它们想象成你的"红线"。你的生活——在学校、家庭和工作中——是由许多线、许多不同的活动、情境和人物组成的。这些线中有一些是黑色的、白色的、灰色的、棕色的，它们缺乏情感波动，有点儿开心，有点儿沮丧，不太能让针走起来。

但是有些线是红色的。红线是由一种非常不同的材料制成的。它们似乎充满了强大的正能量。你会发现自己本能地想要去拉动这些线。而当你这么做的时候，你的生活会感觉更轻松、更自然，时间也会匆匆流逝。这些线是你的命灵的源泉，是你的独一无二之处，它们会被感觉到，然后在某些活动中被表达出来。

并非所有擅长同一种工作的人都有相同的红线。我曾采访过一些非常成功的酒店经理，一位前台主管表示，她最红的线是解决客人投诉："我知道，这听起来很奇怪，但是当一位愤怒的客人大步走到前台时，我真的会很兴奋。我发现我的大脑运转得更快，肾上腺素激增，感觉很奇妙。虽然很紧张，但我很喜欢这种感觉。我猜我有某种超级英雄情结，对吗？"

另一个人——在同一家公司做同一种工作并取得了同样程度的成功——则是这样说的："我最美好的时刻是努力想办法让我的团队团结起来。这很难，因为大家有不同的性格、不同的时间表、不同的工作任务，但不管怎么样，我必须安排好一切，这样就可以让合适的人在合适的时间做合适的事情。当然，我从来没有做得十全十美过，但我非常投入。"

下面这段话来自另一位超级成功的经理："人们说我永远都不满足，但我不这么认为。我喜爱针对已经很有效的工作方式找出更新、更好的方法。我很容易厌倦。所以，如果有件事情是新鲜的，以前从未被做过，简直史无前例，那我就会立刻行动起来。我记不清我们已经重新规划了多少次团队颁奖典礼，或者是我们的嘉宾答谢节目。我永远也不会罢休。"

所以，不，你的红线不会告诉你哪一种特定的工作能让你取得成功。

它们只会揭示，你——作为一个特定的个体——如何能取得最大成功，无论你选择了什么工作。

红线问卷

要想帮助自己找出专属于自己的红线，可以试着问自己一些"最后一次……是在什么时候"的问题。

传统智慧告诉你，你过去的行为最能预测你未来的行为。然而，很重要的一点是，数据表明比老话更准确的说法是：你过去的频繁行为最能预测你未来的频繁行为。

因此，要想帮助自己找出自己的红线，诀窍就是识别你的频繁模式。最好的方法是促使自己去思考在某个时刻、某个瞬间、某件事情发生时，你会产生某种感觉。因为，如果我提示你去想一个由时间、人物或情境决定的特定时刻，而你的脑海中会立刻闪现出某样东西，那么这个时刻就很可能不是一次性的，而是一个经常发生的模式的一部分——如果某件事情经常在你身上发生，那么，无论我什么时候提示你，你的脑海中一定会突然出现某个特定的例子，因为这种瞬间，无论它是关于什么的，每时每刻都在发生。

 红线调查问卷

你最近一次有以下经历是在什么时候：

- · · · 你忘记了时间。
- · · · 你本能地自愿去做一件事情。
- · · · 某人必须强迫你停止做手头的事情你才能停下来。
- · · · 你觉得你完全可以控制自己在做什么。

- · · ·你对自己的出色表现感到惊讶。
- · · ·你被点名表扬了。
- · · ·你是唯一一个注意到某件事情的人。
- · · ·你发现自己很期待工作。
- · · ·你想出了一种新的做事方法。
- · · ·你希望活动永远也不结束。

　　试着飞快地、不假思索地回答每一个问题。不要过度思考或进行纯理性探究。只需说出你最后一次感受到上述十种感觉中的每一种是在什么时候。你可以写下日期或时间，但更重要的是，写下当时你在做什么。哪些活动曾为你创造出这些特定类型的体验？

　　你的目标是寻找模式。我不太相信你会列出十种不同的活动。相反，你很可能会发现你的答案会出现一些重叠。也许你最近一次被点名表扬的事由也是你最近一次忘记时间的事由。或者，你最近一次想出一种新的做事方法和你最近一次很不希望活动结束的答案是一样的。

　　请利用你对来自生活中的"原材料"的情感反应，准确定位哪些活动具有这些红线性质。

　　一旦你识别出这些红线，接下来的挑战就是将它们编织到你的生活中，在家庭中和在工作中都一样。本书稍后将介绍如何做到这一点，但现在你要注意的是，你不需要让一整床被子都用红线织成；你不需要"只做你爱做的事"。

　　相反，你只需要在你所做的工作中找到特定的所爱，也就是红线。妙佑医疗国际（Mayo Clinic）最近对医生和护士的健康状况进行的研究表明，20% 是临界值：你至少得将 20% 的工作时间用来从事你喜爱的特定活动，这样你感到倦怠的可能性就会大大降低。我在 ADP 研究所的同事们的研究证实了这一发现。根据他们最近对 25 000 名工作者进行的全球性研究，如果你每天都有机会做自己喜爱的事情（即使你还不擅长做它），那么你就有 3.6 倍的概率拥有极高的适应力。

所以，是的，爱很重要，但你不需要爱你所做的一切。你只需要在你所做的工作中找到爱。而且，正如妙佑医疗国际的研究所揭示的那样，哪怕只是一点点的爱也会带来很大很大的裨益。

无师自通

唐纳德博士，优势发现者

在人生旅途中，你经常会遇到想向你传授新技能的人。通常情况下，他们这么做的时候就好像你原先并不具备任何知识。在你走进教室或开始上培训课之前，有人已经将技能分解为若干步骤，然后给步骤排序。接着，他们会将步骤和排序教给你，并鼓励你进行"刻意练习"①，以掌握该项新技能。

有时候，这种方法是有效的，有时候，它也是必要的。

但还有一些时候，当你接触到一项新技能时，你会觉得好像以前学过。你不需要那些步骤，因为你发现自己立刻就能做到别人要求你做的事。你似乎早已具备一套知识和反应力——你已经会做这件事情了。

---

① 刻意练习（deliberate practice）是由心理学家安德斯·艾利克森（Anders Ericsson）提出的技能培养方法，他认为，人们可以通过刻意练习来获得和保持专业技能。——译者注

但是老师们不了解这一点，也不了解你，他们只是把规定的步骤传授给你，因为他们相信你需要借助这些步骤来完成工作。

可你并不需要它们。你就像某些歌手，比如阿黛尔（Adele）、弗兰克·辛纳特拉（Frank Sinatra）、史蒂维·汪达（Stevie Wonder），即使看不懂音符，也能唱出完美的音调；你就像一名不需要阅读《人性的弱点》（*How to Win Friends and Influence People*）这本书的推销员，当你还躺在婴儿床上时，就已经能影响自己的父母了；你就像一位不需要接受领导力技能训练的团队领导者——你经常回顾身后，总是发现有很多人正在追随你。

当然，这并不意味着你不能通过练习让自己变得更好。这只是意味着，在学习过程中，你会遇到一些对你而言非常简单的活动，就好像你找到了一条捷径。这些东西你学起来很快，让你感觉自己天生就会，所以你不需要步骤、顺序以及所有诸如此类的机制。有些技能你只需要接触一次，然后，砰！你就可以去和别人一较高下了。这就是无师自通。

这种"无师自通"可能发生在你很小的时候，也可能发生在你的职业生涯中。在你的一生中，你有望尝试很多不同的活动和角色，但无论你尝试什么，你都要让自己的感觉处于警醒状态，为无师自通的那一刻做好准备，届时你会以不合常理的速度掌握新技能，这标志着你找到了真爱。快速学习和真爱，这二者是相互联通的。

唐纳德博士，优势发现者

我希望你做到以下这些：认真对待你的真爱；在你的人生旅途中，让你的感官保持警觉，随时捕捉真爱的三个信号——本能、心流、快速学习；多与那些支持你追求真爱的人打交道。因为当你这么做的时候，就会有很棒的事情发生在你身上。

我大学毕业后，最先去的是盖洛普公司。大家都听说过盖洛普民意调查，但我在公司里并不是做那方面的工作——我的工作是测量世界上真正重要但却无法用数字计算的事物。比如，某个人对工作的投入程度，或者此人拥有哪些才能和优势。

这项工作中最困难的部分恰恰也就是这个：你到底该如何测量诸如某人的同理心水平、自负水平、魄力水平或是竞争力水平这些意义模糊的东西？这项工作的挑战不仅在于如何定义这些优势，还在于当一个人甚至不知道自己是否拥有这些优势时，该如何测量这些优势，这也是更为重要的一点。

全面解决这些问题的大师是盖洛普公司的董事长兼首席科学家唐纳德·O. 克利夫顿（Donald O. Clifton）博士。在盖洛普的最初几年里，我会在深夜看到他依然待在办公室里。他和另一位资深科学家几乎整个儿埋在一堆堆来自某个统计分析系统（SAS）程序的电脑打印材料中。我会看到唐纳德手里拿着铅笔，翻看这些堆得高高的材料，将光秃秃的脑袋凑到每一页纸上。在极少数情况下，他会掏出自己的红色圆珠笔，在页面上圈出某样东西，在笔记本上标注某样东西，然后再继续搜索。

我最大的愿望莫过于和他一起待在那个房间里工作，因为他所做的一切很神奇。他在考虑，哪一个问题和哪一个回答匹配才能测量出哪一种优势。要测量一种优势，比如同理心，你首先要试验数百个不同的问题和可能的答案；然后你要去向成千上万不同的人提出问题；接着你要对得到的回答进行编码——当你听到你想要的答案时，用＋标注，反之则用0标注；再接着你得追踪每个人的行为，看他们是否做了类似于同理心的事情——例如，如果测试对象是护士，就要看他们中的一些人打针是不是没那么痛，而这种疼痛程度则是通过患者疼痛评分来测量的。

你把任何能够预测你所寻求的结果的问答组合保留下来，剩下的一切要么放弃，要么进行调整并重新测试。即使你很喜爱一种问答组合，并且确信它能够测量同理心，可如果它不能预测类似于同理心的行为，那你也必须舍弃它。

这就是唐纳德所做的工作——仔细研究成千上万个问答组合，并检查与每个组合相关的统计数据，看哪些组合有效、哪些组合无效。他是这个领域的天才，精通该领域的两个范畴：问答组合和统计分析。他是心理学兼数学教授，这不稀奇，因为拥有这种双重身份的人不计其数，但是，除了他之外，没有人拥有那种天赋，即能够找到用来衡量一个人的天然优势的正确组合。

他不仅发现"你如何知道自己很善于倾听"是测量同理心的最佳问题之一，而且，更重要的是，他还发现只有同理心很强的人才会自发地回答出："如果对方一直在往下说。"也就是说，有同理心的人会本能地关注对方说的话。你想象一下"你如何知道自己很善于倾听"这个问题可能引发出的所有答案，然后你就会意识到，一个人能够想出"如果对方一直在往下说"这个答案，随后又从数据中看到证据表明，只有同情心强的人——无论种族、性别或年龄——才会做出这样的回答，这个人是多么伟大的天才！

这里的诀窍不是找到"正确"的答案，而是为问题，即"题干"（stem）找到正确的措辞，以便引发一个只有具备该项特殊优势的人才会给出的答案，接着再通过数据证明，这个问题确实能预测某些人的行为。

你我的命灵各不相同，所以你可能对这些东西不感兴趣，但是，我对它们可是太感兴趣了！你可以设计出一个问题，在对方没有意识到的情况下，这个问题可以突破他们的年龄、性别、种族和教育水平，在他们身上激发出某种能揭示他们的天性及行为方式的东西——哇哦，我觉得这简直太棒了。我迫不及待地想走进那个房间，和他一起埋头钻研那些打印材料。

不过，我被告知，那些工作是留给最资深的科学家们做的。我需要过很多年才能获准进入那个房间，然后，还要再过上好些年才能学会足够的问答组合开发技能以获准参与。然而，正是对那一天的憧憬让我得以坚持下去——在大学毕业后的那些漫长冬夜里，当我远离家乡、远离朋友、远离伦敦及我所熟悉的一切，当我质问自己究竟为什么要背井离乡、搬到内布拉斯加州林肯市时——终有一天，我可以和唐纳德坐在一起，用问题和统计数据施展魔法，那一天就是我的力量源泉。我不在乎需要花多长时间去学习所需的技能。我愿意等。

当那一天终于到来时，我就像受到了天启。我不知道效用分析是什么，从未做过同时效度研究或预测效度研究，也从未使用过 SAS 程序，但不知怎的，我立刻就知道了那些数字的含义。我知道哪些数字是次要而分散注意力的，哪些数字则指向有意义的事实；哪些数字会淘汰掉一个问答组合，哪些数字则是通向发现的线索。

在问答组合的措辞方面也一样。"你是一名高成就者还是一名低成就者"是很棒的问题，但"你是否觉得每天都需要有所成就？"却几乎没什么用，这是为什么？"你喜爱为什么样的管理者效力？"是一个很好的问题，但前提是你想获得的答案是"我不知道"，这又是为什么？我无法用简单的语言解释清楚，我只能说，我本能地知道它们确实是强大的问答组合，而 SAS 的统计数据始终证明我是对的。

我对这一切——交织在一起的数学、心理学和语言学——无师自通。它立刻就发生了。唐纳德看到了。我们都看到了。我无法解释这一点，但这就好像所有知识早已存在于我的脑海中。

唐纳德没有质疑，而是采取信任的态度，因此，我在接下来的十年里一直追随他，设计问题，反复思考答案，然后在浩瀚的统计数据中寻找那些完美的、具有启发性的完美组合的蛛丝马迹。

唐纳德博士，为了你的天才，为了你愿意相信一个跃跃欲试的英国新手拥有快速学习能力，为了你对真爱的信念，我永远感激你！

世界上有 90 亿种爱的语言，相当于今天世上的人口。要想获得充实的人生、符合自身命灵的人生、属于自己的人生，一切都始于理解你自己的生活。要学会解读生活中的各种迹象，要学会遵从自己的本能。当你因沉浸在一项活动中而感觉时间飞逝时，或者当你感觉自己能无师自通，就像曾经做过一样，这时候你就要注意了。

生活每天都在向你发送信号。捕捉它们，认真对待它们，并利用它们在周围人盲目、平淡而又善意的闲言碎语中寻找方向。让你的真爱引领你前进吧。

爱存在于细节中

如果……，这重要吗？

每个人都知道爱体现在小事情上。

你爱的不是泛泛的"书"——你爱的是某种类型的书，由某位特定作者写的书。

你爱的不是泛泛的"食物"，你甚至不爱"墨西哥食物"——你爱的是不加香菜的猪肉塔可，而世界上最美味的猪肉塔可是恩西尼塔斯市大街上那家不起眼的塔可售卖亭制作的。

你爱的不是泛泛的"人"——你爱的是某些特定的人，因为他们对自己的歌声开了个自嘲的玩笑之后，歪着嘴巴笑了；因为他们穿西装很帅；因为他们心满意足时吹起的口哨会让你想起猫的呼噜声。细节！当涉及爱的时候，细节就是一切！我们都知道这一点，我们都感受过这一点。

那么，当我们谈论喜爱哪些活动、情境或行为时，我们为什么会忘记这一点？我们为什么要进行泛化？

"她就是喜爱挑战！"某人的父母自豪地说。

真的？挑战的类型有关系吗？她是喜爱所有挑战，还是只喜爱那些她觉得自己已经准备得极其充分的挑战？或者也许是相反的——也许她只喜爱那些让她必须做出本能反应的挑战，这样，如果她失败了，她就可以用自己其实并没有指望成功来安慰自己。

她是哪一种情况？这两种情况截然不同，会导致她和她的父母对她做出完全不同的安排。

"他很擅长与人相处！"一位老板在某人的绩效考核中写道。

真的？他很擅长与哪一种人相处？他"很擅长"与那些他还不认识、尚需赢得对方好感的人相处吗？还是说他"很擅长"与那些他已经认识的人建立深厚的信任感？

另外，具体的行为是什么？与这些他很擅长相处的人在一起时，他究竟是在做什么？他是擅长向他们推销吗？还是擅长教导他们、安抚他们、逗他们笑、记住他们的名字或是激励他们？

所有这些情况彼此都截然不同。他到底属于哪一种情况？

焦虑和异化在我们中间流行的主要原因之一是学校和工作场所对这一类细节都显得极不耐烦，而且也毫无兴趣。相反，他们依赖方便的泛化思维：所有的男孩都是这样，所有的女孩都是那样。所有英国人都是这样，所有巴基斯坦人都是那样。所有销售人员都想获得佣金，而所有客服人员都不想。所有工程师都不擅长社交，所有护士都本能地拥有同情心。所有老师都很热情，所有行政人员都很务实。

当然，这一切都不是真的。一位从事软件销售的巴基斯坦女性与该销售团队中的另一位巴基斯坦女性相比，她对自己、自己的活动及与他人互动的喜爱情况有很大不同。是的，她们会因为达到相同的结果——销售——而获得报酬，但是她们是如何做到这一点的，以及她们最喜爱这个过程中的哪些方面，差异是很大的。

学校和职场——以及父母——的目标应该是帮助个体间差异很大的人不断添加关于他们的所爱和所恶的独特细节，了解什么会让他们强大以及什么会耗尽他们的精神。对于他们中的每一个人来说，这些细节会带来更大的成就和行动力，当然，也会带来绩效和适应力。这些细节就是爱的原材料。

如何写爱的笔记

由于你不能指望学校和职场——以及父母——认真对待你的细节，所以你必须自己担起这项责任，密切关注自己所爱的事物的细微变化。一个简单的方法就是为自己记录爱的笔记。使用"我喜爱的时刻是"这一句型，然后完成它。要想有效、详细地做到这一点，关键是要问自己五个"这重要吗"的问题。

例如，如果你的句子是"我喜爱的时刻是帮助别人"，那么问问你自己：

你帮助的人是谁，这重要吗？
你什么时候帮助他们，这重要吗？
你为什么帮助他们，这重要吗？
你帮助他们做什么，这重要吗？
你如何帮助他们，这重要吗？
每问一个问题，你的陈述都会变得更加精确。并不是说这一陈述是永久性的——明年或者后年你可能会提出一套不同的细节——但是目前，重点是要促使你确定、获得并理解你的所爱的细节。因为行动力存在于细节中。在那里，在细节中，你可以找到自己。

我曾经与第 2 章中提到的职业顾问唐尼·菲茨帕特里克合作，研究如何将这一技巧应用于他的学生。他描述了自己是如何修改它的，以便学生们即使在相对年幼的时候也可以开始对自己的所爱的细节产生拥有感。年初，他给了每个学生一个空纸箱。他说这是他们的"心声盒子"。以下是他对学生们说的话：

在一年开始之际，你们每个人都拿到了一个空盒子。在这一年里，我们将做一些事情，让你们能够审视自己，并开始把各种细节放进你们的盒子里。你们可以在里面放书，或者音乐，或者体育用品，或者电子游戏。什么都可以。如果你们愿意的话，你们甚至可以在盒子的内侧和外侧写字或涂颜色。

他把这个"心声盒子"的创意告诉了我，让我过去看看。所以，在我去拜访他的那天，他带我去了他的教室。那里有几十个盒子，高高地堆放在架子上。放在最下面的盒子内外都是空白的，但是随着我的视线沿着架子向上移动，盒子变得越来越鲜艳，里面装满了每个学生的生活细节。最上面一层架子上的盒子——班级里最积极的学生的盒子——外面涂满了图画，潦草地写着各种名言和语录，里面则塞得满满的，几乎要爆开来了，就像圣诞节早上的枕套一样。

唐尼伸出手去取下一个盒子，小心地把盒子里的一些珍贵物品挪到一边，然后拿出一张二英寸乘四英寸大小的卡片，上面是学生用鲜艳的粉红色锐意牌马克笔写的声明。

"我很喜欢这个。"他说，"这是一个学生的爱的笔记。在我们开始搞'心声盒子'活动之前，他总是静静地坐在教室后面，我的意思是，如果他真的来上课的话——有太多的孩子没把学校当成了解自己独特之处的工具，这是因为我们做得不够，未能向他们传达这个道理。很多学生只是把学校当成一种必须忍受的东西。难怪有些学生不理解学校存在的意义。

"现在他们获得了一种找回自己心声的途径，能够亲耳听到自己的声音，伴随着他们的心声，他们重新找到了自己的位置，找到了自己在这个世界上的标记，找到了未来。这个孩子，他现在每天都来上课，就坐在最前面。"

唐尼把卡片翻过来，给我看这个学生写的东西：

　　我喜爱的时刻是……
　　　　我在用我的十二弦吉他
　　　　　　弹奏一支我为我非常熟悉的
　　　　　　　一小群人
　　　　　　　　写的曲子。

"你知道他爱弹吉他吗？"我问唐尼。

"不，完全不知道。我甚至直到现在都不知道他弹得好不好。但是你看到细节了吗？"

"看到了。你认为这一切意味着什么？"

"哦，好吧，我也不知道。所以，我问了他。很显然，那必须是一把十二弦吉他，因为这样音调更丰富，而对他来说，音调很重要。其次，那必须是他自己写的一首曲子，因为不然的话，它就'毫无意义'。再次，那必须是一小群人，因为不然的话，他就看不到自己的音乐是否触动了他们。最后，那必须是他非常了解的人，因为他知道他们会爱他，而不是评判他。"

这就是细节。这就是爱。这就是一个老师拿出时间和精力来帮助一个孩子定义和承认自己所爱的具体内容。这可能是这个孩子生平第一次认真对待他的所爱。他会成为一名职业音乐家吗？可能不会。在他的一生中，他会培养出其他的、拥有不同细节的所爱吗？可能会。但就目前而言，就今天而言，他的声音被听到了，而他也被看到了。

如果你想看到自己，如果你想获得自己的声音、拥有自己的未来，那么就问问自己这五个"这重要吗"的问题。不要满足于模糊的泛化。要努力敦促自己想出一些能说明问题的细节、一些只有你自己知道的关于你的东西。你通往自我内心的旅程是用细节铺就的。

关于小教堂里的口吃者的有趣案例

1978 年 6 月的一个早晨——那年我 12 岁——我走过学校的布告栏，看到只有五个男孩被选中在七月初学期结束前到小教堂里当众朗读，而我是其中之一。

我想这一定是弄错了——班上有那么多男生，他们为什么要选我？——但事实并非如此。校长普拉特先生的蓝色毡头笔写就的字字迹工整，那分明是我的名字，就写在6月12日这个日期下面。

我吓坏了，窘迫不堪。我无法做自我介绍，无法说出自己的名字，无法与他人进行正常的交谈。我怎么可能做到站在全校人面前大声朗读呢？压力会大到我连一个字都说不出来。更糟糕的是，当我麻木地走回教室时，我意识到我将不能依靠我的同义词技巧——用一个我能说出来的词代替一个会堵住我的词——因为小型教堂里每个人的《圣经》学习书籍中都会有这篇作品，如果我试图换词，他们会注意到的。

我在学校的好日子到头了。

第二天早上，牧师布道结束，就叫我起来朗读。我从长椅尽头站起来，走到讲坛前，转身面对全校师生。我感觉一切都进行得很慢。我低头瞪着书页上的字。我能感觉到我的结巴毛病正与我一同瞪着那些字，评估它们，然后慢慢地展开。

我深吸一口气，凝视着所有男孩、所有老师的脸，这个场合和空间非常正式，然后我呼出一口气，准备朗读。

接着，突然间，不知怎么的，我做到了。我流利地读了出来。一种温热的感觉出现在我的大脑中，然后包围着我的整个脑袋。感觉就像是一种嗡嗡的轰鸣，像是一把锁被打开了。文字从我的口中涌出，直到作品的结尾。当着400个人的面。一次口吃都没有出现过。

呃，也不完全是。我想"批评"这个词我读得有点儿不对劲，但并不是口吃的问题。它听起来挺正常，就像一个正常的孩子在学校师生面前朗读时可能会做的那样。我听上去像个正常的孩子。不知怎的，我是一个正常孩子了。

我希望我能告诉你我使用了什么诀窍，但我真的不知道发生了什么事。我认为我之所以能成功，正是因为我没有试图用一些有意识的技巧来战胜口吃。我只是站在那里，看着所有的面孔，而这些本应该带来巨大压力的面孔发挥了相反的效应。它们释放了我。

我记得自己走回长椅，跪下来，对发生的事情惊奇不已。我知道我其实没有做任何事情来克服口吃——我既没有去克服它，也没有正视它，也没有努力纠正它。相反，是当时的情境对我产生了影响——看着所有那些人，这创造出一种对我起作用的特定机制。我无法对着一个人说话，但是站在400个人面前，那些凝视着我的面孔在我的大脑中引发了某种生理变化。我大脑中会有那种温热的感觉是因为，我的突触正在以一种当我只和一个人说话时不会有的方式发射信号。这种新的发射模式向我的声带发出指令，于是声带顺利地送出了话语。话语流畅，时间飞逝，我消失在这个行为本身中——哇，我太喜爱这种感觉了。这是最红的红线。

说到爱，细节很重要。我无法对着一个人说话，但是再加上399个人，我突然就可以了。

然后，这种爱成为学习的整合点。如果我只能在400个人面前流利地说话，那我何不假装自己一直在和400个人说话呢？这个策略听起来有点反常——在一大群人面前说话被认为是口吃者最可怕的噩梦，没有任何语言病理手册会推荐这种策略——但它对我来说很有效。每当我试图和校园里的一个朋友说话而口吃的毛病又缠住我的喉咙时，我就会想象自己面对的是400个人，然后我的体内就会感受到那种突如其来的爱的兴奋，于是口吃会立刻消失，我顿时就可以流利地说话了。

 红线调查问卷

你最近一次有以下经历是在什么时候：

· · · 你忘记了时间。

· · · 你本能地自愿去做一件事情。

· · · 某人必须强迫你停止做手头的事情你才能停下来。

· · · 你觉得你完全可以控制自己在做什么。

· · · 你对自己的出色表现感到惊讶。

· · · 你被点名表扬了。

· · · 你是唯一一个注意到某件事情的人。

· · · 你发现自己很期待工作。

· · · 你想出了一种新的做事方法。

· · · 你希望活动永远也不结束。

我的口吃在一周后就消失了——而且是永久性的，以至于在我上的下一所学校里、我的大学里及我的工作场所，都没有人知道我曾经有过口吃。

回首当年，我意识到我并没有击败口吃。我只是把注意力转向了某种我所爱的具体的东西——这条具体的红线——并紧紧抓住它。这根线把我越拉越高，而我则看着我的口吃完全消失在我的脚下。

要确定关于你的红线的详细信息，你可以再做一遍红线调查问卷。

你的目标是列出至少三项活动——尽管超过三项也绝对没问题——你在其中能看到或感受到三种爱的迹象之一：你本能地自愿参加；你完全沉浸于其中并感到时间飞快地流逝；你觉得自己很精通它。

把这些活动写下来，然后针对每一项活动问自己关于"这重要吗"的问题。

你和谁一起做它，这重要吗？

你什么时候做它，这重要吗？

你为什么做它，这重要吗？

重点和主题是什么，这重要吗？

你如何做它，这重要吗？

每一个问题都会促使你获得一个额外的细节，这一特定的特征可以将一根原本没有颜色的线变得能够振奋精神。每一个答案和每一个精确的细节都会给你力量。通过你的回答，你将学会如何用你自己的所爱来识别出哪条才是你最红的线，这样你就可以把它们编织成对世界的贡献。

这是一份多么了不起的赠给自己的礼物啊！

第二部分
七个魔鬼
（你将在旅途中遇见它们，该如何以智取胜？）

随着我们一起完成这本书的第一部分，我希望你越来越坚信你的命灵确实存在，它独特而强大，而且可以通过仔细关注你的所爱的细节来加以揭示。现在，你已经知道你的生活一直在向你发送信号，这些信号只有你一个人能看到和感受到，而且，如果你想过一种感觉上真正属于自己的生活，你就必须负责理解这些信号并基于它们采取行动。

这是你力所能及的。是的，没有人教过你该怎么做。是的，学校和职场似乎更喜欢从外到内、而不是从内到外地教你。但是，即便如此，也没有人能够像你一样熟练地运用你的爱的语言，而且除了你之外，没有人可以选择去关注它。你无法控制一切，但是，你仍然可以控制很多。

在本书的最后一部分，我们将深入探讨你可以做些什么来为你的所爱注入生命，甚至是你可以在你的家庭、学校、人际关系和工作中做出什么选择来帮助其他人做到这一点。

不过，在你抵达那里之前，要小心：在你的旅途中，你会遇到一群魔鬼，它们会试图引诱你远离你的正途。这些魔鬼或许看起来很友好。它们可能会让你自我感觉良好。它们甚至可能显得很智慧。然而，它们终究是邪恶的。如果你倾听它们的声音、追随它们指引的方向，那么总有一天你会发现自己成为迷失者中的一员。

魔鬼最强大的力量

根据作家凯瑟琳·戈尔茨坦（Catherine Goldstein）的说法，魔鬼最大的力量不在于它的邪恶意图和如簧巧舌，而在于它不知道自己是魔鬼。她告诉我们，魔鬼之所以如此强大和有说服力，正是因为它相信自己是一种向善的力量。

你在旅途中遇到的魔鬼也会具有同样的品质。其中一些看上去是很有价值、用意很好的建议，可能来自新老板或培训班。例如，"你应该欢迎批评性反馈。"

另一些则会飘浮在虚空中，肉眼看不见，但却污染了你呼吸的空气。"你的强项就是你所擅长的，你的弱项就是你不擅长的。"——这句话就是这样一个虚无缥缈的魔鬼。

有些魔鬼把自己深深编织进了学校课程中，以至于都被制度化了。例如，"你会从错误中学到最多的东西！"

还有一些魔鬼一开始是天使，可随着时间的推移，变异成了较为邪恶的东西。"你的身份特性仅仅来自那些与你有着相同的国籍、宗教或性别的人。"——这句话的意图是天使般善良的，但结果却是不健康的。

下面是关于如何应对你将在旅途中遇到的七个最邪恶的魔鬼的指南。

我有两个希望：第一，当你看到它们时，你能认出它们。第二，你能学会如何保护自己——当它们悄然靠近，在你耳边低语，并试图引诱你进入森林中时。

8

集体思考

你的出身不能定义你是谁

米歇尔喜欢写作。下面是她日记中的另一段，是她对自己那段具有毁灭性的大学岁月的回顾。

───────────

　　我来自一个叫作洛斯巴诺斯的小镇。那是一个农场小镇，主要生产奶制品。我在洛斯巴诺斯有很好的朋友。我的整个葡萄牙裔家族都住在那里，在农场和地里劳作。我爱我的小镇。

　　但是我在大学期间一直否认它的存在。在我当招待的墨西哥餐厅里，写有"洛斯巴诺斯"①的牌子就挂在洗手间门上。我可不想说自己来自洗手间。我发现我会在朋友面前隐瞒我的小镇和家人的情况。

　　凯利是我大学里最好的朋友，在奥兰治县出生和长大。我

───────────

① 洛斯巴诺斯（Los Banos）在西班牙语中意为洗手间。——译者注

们是在高级公共演讲课上认识的。开课第一天，她优雅地走进教室，看上去时尚而精致，银色的头发长及下巴，无比顺直，与黑色的太阳眼镜形成了鲜明对比——按理说她几分钟之前就该把它摘下了。她穿着高领无袖丝绸衬衫，背着一个浅粉色的香奈儿翻盖包。我从未如此接近过一个名牌包。她手里拿的那杯卡布奇诺比我身上那件从寄售商店里买的太阳裙还要贵。

她自带一种难以描述的氛围，就好像她虽然在那里，但却不是非得在那里。

我被迷住了。

从那天起，我俩就形影不离，共同沉迷于美食、时尚和旅行。她在我梦寐以求的所有餐厅吃饭，穿着我梦寐以求的所有名牌服装，去我梦寐以求的所有国家旅行。我什么都没有，她什么都有，但她不在乎。她知道如果我什么都有的话，我会是什么样。

但她并不真的了解我，因为我把大部分真实的自己给藏了起来。这就是为什么我的这个决定是如此奇怪：我邀请她向北进行一次"公路旅行"，去我的家乡，参加蒂亚·多萝西的70岁生日。

她立刻接受了邀请。"好的！"她说，"我爱北加州！"

该死！我心里想，我能告诉她我们其实要去哪里吗？我的意思是，从来没有人选择去中央山谷度假。但她是我最好的朋友，所以……

我开车载着我俩穿过洛杉矶的车流，越过葡萄藤地区，然后前往"I-5走廊"的尽头，那是一条绵延不绝的加州州际公路，从正中间横穿洛杉矶和湾区之间的圣华金谷。我们停下来给我那辆过热的旧本田车加水，然后换她开车，这时，不知怎的，我立刻就恢复了旧日的模样。

"好吧，接下来的四个小时，我们将在这条高速公路上行驶。这是一条非常笔直的道路，没有弯道，只有两条车道。首先你需要知道的是：每32英里^①就会有一个休息站。那是你唯一可以转弯的地方。否则，就一直往前开。在这条长长的、笔直的道路两旁，你会看到棉花、杏子、核果、很多柑橘、土豆，还有种植浆果的田地和果园……你都能看到。但是很奇怪，它们的种植系统令人沉醉，会吸引你的注意力。那实际上是一排排的正方形、六边形、对角或梅花形系统。这里面有着古怪的科学，但实际上是一门美丽的艺术，你会迷失其中，很容易追尾一辆开得很慢的半挂卡车……"

"你是谁？你对米歇尔做了什么？"凯利爬上驾驶座时喊道，"说真的！你本是那个教我化妆并告诉我市中心最热门的新餐馆的女孩，而现在你在教我牧场和棉花作物？我要往回开，姑娘，我们得让你恢复原样。"

我们继续向北。一英里接着一英里。

洒满阳光的果园在车窗外掠过。老旧的、不完美的红色谷仓俯瞰着刚刚犁过的田地。谷仓里面有人在做浆果果酱。

图案。我喜欢那些图案。我过去认为拖拉机的用处就是留下美丽的印记，供我们所有人赞叹。我凝望着，赞叹着。

我为自己隐藏的东西感到羞愧。我评判自己的出身。我以为我就是它。我以为她会评判它。我一直把它压制在最下面，结果现在连我最好的朋友都不了解我了。

---

① 1英里≈1.6千米。——译者注

她不知道我对自制葡萄牙香肠的配料很感兴趣，不知道我会花上几个小时来挑选比例合适的猪肉块和内脏。

她也不知道我是一个十分争强好胜的冠军猪饲养者。我不仅擅长挑选它们，我还非常专注于营养和饮食规则的细节，所以我永远都能把一只蠕动的黑色小猪崽变成展会上最棒的选手。

凯利对我的这些事情一无所知。连我自己都几乎要忘了。

我凝视着窗外，脸颊湿润了。

"那是大蒜。"我告诉凯利，"前面就是吉尔罗伊，美国的大蒜之都。我们很快就要到家了。"

————————

你是谁？

你是个女孩。你是个男孩。你是变性人。你是非常规性别者。你是天主教徒，佛教徒，犹太人。你信仰归正宗。你是西班牙人。好吧，加泰罗尼亚人。不是巴斯克人。是的，有人告诉你，你祖上是阿拉伯人、苏丹人。你也喜爱足球，但不是美式足球，是用脚踢的那种。你只支持一支球队：巴塞罗那队！你不是曼联队的支持者。也不是曼城队的支持者。你一直支持巴萨！

这就是你，一个各种身份来源的组合——你的性别、国籍、种族、宗教、性取向，你对这个队或那个队的狂热情感。

是的，所有这些来源都是有效的。谁能否认你身为某个种族、宗教或国籍成员的体验会对你的生活产生重大影响？谁能否认你对这种体验的理解方式会融入你的身份特性中？

米歇尔对自己的洛斯巴诺斯身份感到尴尬，并试图将其隐藏起来。但是你可以想象出另一个世界，在那里，她所做的一切完全颠倒过来。在那个世界里，她对自己的传承感到无比骄傲，并将自己的身份完全包裹在其中。

她的祖父母辈中有三个人不是从葡萄牙大陆来美国的，而是来自亚速尔群岛，那是一个深入大西洋中部近 1000 英里的小岛群。他们是一个自强不息、意志坚强的自豪群体，部分是农民，部分是渔民，部分是欧洲人，部分是岛民。这些亚速尔人很特别，为什么她不应该作为他们中的一员而感到骄傲呢？她当然应该。

我们都应该为自己的传承感到骄傲。

但是要小心。这些身份来源中的每一个都是由成千上万人共享的。你是众多苏丹后裔、加泰罗尼亚籍巴萨女球迷中的一员，虽然你可能会因为大家齐聚诺坎普球场为巴萨队加油而感到无比激动，但是当你身在其中时，你只是他们中的一员。人群中的一分子。庞大单一，整齐划一，只有一个声音。

在这个人群中你的声音在哪里？你有语言用来描述你的性别、国籍、种族、宗教、效忠对象，那么用来描述你独特的所爱与所恶的语言在哪里？正是这些独特的所爱与所恶定义了你的命灵。

如果你和我们中的很多人一样，没有学习过关于你的所爱的语言，那么你很可能会发现自己在寻求广泛的象征符号——例如种族和宗教——用以定义你是谁。当你这样做的时候，你可能会从相同种族和宗教的人所共有的东西中获得力量，但是如果你止步于此，你就可能与来自内心的力量隔绝。这个力量源自了解你自己的独特之处、知道你能在什么地方找到爱以及如何将爱转化为贡献。

这种爱的力量比群体的力量更强大。

爱的力量是自主自立的。没有人能威胁到这种力量，因为它永远且仅仅是源自你的本质，没有任何人和你一模一样。别人爱什么，以及他们是如何将其转化为贡献的，这很有趣，很酷，很迷人，也很有用，但却与你所爱的东西无关。它不会威胁到你。

这种爱的力量是充沛的。你可以珍惜你的所爱，培养你的所爱，为你的所爱感到骄傲，并且知道你永远不会贬损任何其他人，因为没有任何人可以成为你。通过将你的身份与你的所爱联系起来，你并不是在声称自己比其他所有人都更好——或更糟；你只是在声称你和其他任何人都不一样。而他们也与其他任何人都不一样。差异，就像爱一样，是一种无限丰富的资源。

这种爱的力量会带来开放的心态和好奇心。根据其定义，群体力量会将其他人排除在群体之外。虽然你可以对局外人保持宽容，但宽容本身就意味着距离、隔离状态，而不是共情或亲密状态。

爱的力量始于你认真对待自己的所爱，并深深地好奇这些爱是如何以某种有益或富有成效的方式传递的。当然，你对自己的所爱越好奇，你对别人的所爱就越好奇——并且越尊重。既然你的所爱如此有趣，如此微妙，如此独特，那么别人的所爱想必也是如此。

关于其他种族、宗教、性别及粉丝的泛化思维将被关于每个特定的人的所爱的问题取代。这些类群包括这个人、那个人、每一个人。

因此，在依赖群体力量作为你身份的主要来源时要谨而慎之。虽然你可能属于某个种族和性别，具有某种宗教信仰，来自某一地区，或支持某支队伍，但是你，你自己，并不等于上述任何东西。你就是你，也是世界上唯一的你。

从你自己身上最有趣的地方找到乐趣吧。

优秀的诅咒

你的强项不等于你所擅长的

从你很小的时候起，人们就告诉你："你的强项就是你所擅长的，你的弱项就是你不擅长的。"

听上去非常明智，不是吗？如果你在某个科目上取得了好成绩，或者在某项运动或乐器上表现出色，那么这就是一个强项。它可能让你出类拔萃，在你考虑大学学习什么专业或是今后选择什么职业时，它可以引导你。

但是，如果你非常擅长做某件你很讨厌的事情，会发生什么？或是它让你感到厌烦，或是它让你感到沮丧，或是它把你拖垮了，你该怎么称呼它？

把这称为"强项"并让你围绕它做出人生决定是一件很怪异的事情，因为这东西会把你的生命活力耗尽。然而，这种情况一直在发生。当我们在某件事情上表现出色时，其他人就会抓住这一点，把它称为一种强项，并告诉我们要专注于它。

而他们在这么做的同时——即使是出于最好的意图——也让我们看不到真正的自我了。

因此，实际上你应该将其称为弱项。按照正确的定义，"弱项"应该指任何会削弱你的活动，即使你可以做得非常出色。

如果在你做这项活动之前，你发现自己在拖延，把它推到桌子的一边，希望它会掉下去，消失在文件柜下面，那么它就是一个弱项。

如果你在做这项活动时，感到时间似乎变慢了，当你感到自己似乎已经干了三个小时，可抬头一看时钟，发现只过去了短短20分钟，那么这就是一个弱项。

如果在你完成活动后，很显然你学到的东西很少，而你努力学到的那点儿东西又让你疲惫不堪，那么这就是一个弱项。

只要没有爱，这个活动就是一个弱项——哪怕你很擅长做它。

当然了，根据正确的定义，所谓强项，就是任何能让你变得更强的行为。任何能让你感觉到某一爱的迹象的东西都是一个强项：在你做它之前，你本能地、自愿地想去做它；在你做它的时候，时间过得飞快，一个小时感觉像是五分钟；在你完成它以后，你会发现自己在学习方面取得了巨大的飞跃。

即使你还不太擅长做它，即使你在擅长做它之前还有很长的路要走，总之，你的强项就是能让你感觉到爱的迹象的活动。你的强项就是你的红线。

这并不意味着你的强项一直都具备红线的所有特质。有时你可能会发现自己在某件事情上拖延，然后当你真正开始做它的时候，你又感到时间飞逝。或者，有时你会本能地自愿去做某件事情，然后却颇为懊恼地发现，做这件事情所需要的严格练习超过了"快速学习"的范畴。

这些情况仅仅意味着你应该对这三种爱的迹象中的任何一种保持警觉。它们往往是相互联系的，但有时却不是，然而它们中的每一种都能让你更加熟练地掌握你自己的爱的语言。

如果你尊重自己的这些体验，并真正了解哪些特定的活动具有这些红线性质中的任意一种，你就会有三个非常强大的发现。

第一，你会了解到，虽然练习确实可以帮助你在任何活动中取得更好的成绩——这是理所当然的事情，但是在生活中获得成功和满足感的真正关键在于确定哪些活动会吸引你去一次又一次地反复练习。这些红线——这些你喜爱的活动——会把你吸引过去，以至于你在练习时不会感到是在刻意做它们，甚或是在强迫自己做它们。相反，你在练习时会感觉像是在做一件情不自禁要去做的事情。此时练习不再是一种有意识的训练，需要勇气和毅力。相反，从爱的角度来看，练习是一种痴迷。

第二，你将发现这些红线能向你展示你的未来。你对活动的喜爱会促使你反复去做，而反复去做又会推动改进。因此，通过关注你的所爱，你将更清楚地了解你真正可能擅长的领域。优秀不再是一个谜——它是来自天赋？还是后天的培养？还是运气？还是训练？事实上，优秀只是你认真对待你的所爱的结果。激情推动练习，练习推动成绩。

第三，你会意识到，既然你的强项就是你所喜爱的活动、是能让你变得强大的活动，那么，到目前为止，对你的强项的最佳裁判官就是你自己。其他人——你的父母、老师、教练、经理——可以评判你的表现。他们可以斟酌某篇文章是否值得一读、某道数学题是否解答正确、某位客户是否得到了优质服务，但是，只有你自己才知道你喜爱哪些活动、憎恶哪些活动。在判断哪些活动在你身上创造了爱的迹象、哪些活动没有时，你是唯一的权威。你是你自己唯一可以信任的人。

如果你说你就是喜爱说服别人买下你要卖的东西所带来的快感，那么没人能反驳你。当然，他们可以说："哦，我认为你对这产品解释得不够详细。"或者是："如果你听的比说的多，你会更有说服力。"或者是："你没有遵循公司的标准销售脚本。"他们可以跟你说任何这样的话，他们有权这样做。

但他们无法说："不，你不喜爱说服别人。"因为你比任何人都知道你爱什么。你从小就知道，现在也知道。多年来，别人试图告诉你，你的所爱既不真实，也不重要，但这并不能改变事实，即你确实有那样的感受。

一旦涉及你的所爱，你自己拥有所有答案，别人则不会有任何答案。一旦涉及你的所爱，你就是天下唯一的天才。

错误的本能

在上演重头戏的房间里究竟会发生什么？

66 啊哈！"你可能会听到别人在嚷，"那《美国偶像》①
（*American Idol*）又是怎么一回事？成千上万的人排好几天的长队，
希望自己能被选为下一位超级明星，他们又是怎么一回事？"所
有采取这种思维方式的人都本能地自愿参加试镜，但是很显然，
他们中的许多人甚至没有最基本的唱歌能力。毫无疑问，他们并
不是自己所爱领域的真正天才。毫无疑问，他们需要评委来衡量
他们的所爱是否是真实的，或者是有用的，或者是与他们的实际
表现有任何关联。毫无疑问，让他们知道自己真正是谁的人是评
委——正如说到底，你的父母、老师和经理是关于你真实自我的
最终仲裁者一样。你不能被信任；你不能信任自己。但这些善意
的他人，是的，他们是能够被信任的。他们对你的看法将揭示真

①《美国偶像》是一个旨在挖掘优质歌手的美国选秀节目。——译者注

实的你，不是吗？

好吧，事实上我想说的是要对上述的一切都说不。而且，如果你想过一种"爱＋工作"型的生活，那你就必须摈弃这种思维方式，这一点至关重要。他人对你的所爱一无所知——他们只知道自己对你的表现的反应。这一点并非全然没有意义，但是它与你爱什么、不爱什么毫不相干。你，也只有你，才能够感受到你的感受。

然而，这对你是有要求的，即你必须非常关注你的所爱的细节。那些《美国偶像》的试镜者，他们会本能地自愿做什么？他们是否本能地喜爱独自一人进行动辄数小时的声乐训练？他们是否喜爱背下成百上千首不同歌曲歌词的记忆挑战？他们是否喜爱与音乐家们进行日复一日的排练外加做各种筹划安排？

或者说，上述活动并不是他们所爱的源泉？他们其实是本能地被公众的关注、名气、吹捧和金钱所吸引？

从小就被告知我们的所爱并不真实会带来诸多危险，其中一个就是，我们不会仔细审视它们，所以，随着时间的推移，我们会完全丧失准确定位我们所爱的真正来源的技能。这样一来，我们就会发现自己被错误的本能所误导。

当你本能地为升职而游说，仅仅是因为升职能带来更高的薪水，那么这就是一种错误的本能。

当你仅仅因为头衔更高而去应聘工作，这就是一种错误的本能。

当你选择接受派驻只是因为它能带来更高声望，这就是一种错误的本能。

要让你的所爱转化为贡献，你就只能关注你喜爱的特定活动，而不是这些活动所带来的结果。关注你即将去做什么，而不是为什么。归根结底，"什么"永远高于"为什么"。

问问自己：在这份新工作中，他们付我钱究竟是要我做什么？

问问自己：如果接受了这份新工作，一周的常规生活会是什么样子？

问问自己：在普通的周三上午9点，或者是周五下午3点，我会在做什么？

作为我对不同工作中优秀员工的持续研究的一部分，我向最优秀的销售人员提出了这一问题："关于销售，你最喜欢的是什么？"

想象一下销售人员对这个问题的所有可能的回答。

"我喜欢建立信任。"

"我喜欢解释我所能提供的好处。"

"我喜欢认识很多有趣的人。"

或者是最常见的一句话："我喜欢卖我真正相信的东西。我无法兜售任何我不真正相信的东西。"

然而，事实证明，最优秀的销售人员不会说上述任何一句话。呃，他们可能也会说出这些话中的某一句，但是所有最好的销售人员都会说这句话："我喜欢完成交易的感觉。"

对于最优秀的销售人员而言，对工作的热爱并不在于他们为什么要销售这个产品，也不在于他们在向谁销售或是与谁一起销售，而在于完成交易这一实实在在的活动，在于终于让某人做了一件实实在在的事情：在合同上签字。从最广泛的意义上讲，正是这一让另一个人类做出承诺的活动，让所有最优秀的销售人员对自己的工作乐在其中。当然，细节很重要。他们可能会喜欢不同的成交手段——有的人可能是通过说服，有的人是通过技术能力，有的人则是通过亲和力。但是，让他们的每一天都充满爱的，是完成交易这一活动。

顺便说一下，如果你对销售感兴趣的话，那这就很有趣了。因为一些销售职位会给你提供频繁的成交机会，比如华尔街的职位，他们每天都有成百上千个成交机会。而其他职位实际完成交易的时间框架则要长得多，频率也要低得多——例如，对于一家大型咨询公司来说，甚至一笔小交易也可能需要 18 个月才能完成。

还有一些工作则不会给你任何完成交易的机会。例如，在制药行业，一份工作在领英（LinkedIn）招聘上可能被称为"销售"，但事实是，制药销售代表永远没有机会接近任何人。他们所能做的就是尽力对医生施加足够大的影响，以便渐渐地，医生们在开药时使用其产品比使用其竞争对手的产品稍微多那么一点点。

因此，在你接受一份新工作之前，要先关注关于"什么"的问题。如果你不知道这些问题的答案，那就找几个真正在做这个工作的人谈谈，或者是在那所学校里的人，或者是在那个班级里的人。敦促他们尽量从最基础的部分说起，一直谈到实际活动的层面，然后问问自己，这些活动与你所知道的自己所爱的东西是否匹配。

当然，有时你已经问了所有你能想到的问题，却仍然不能确定你所追求的工作是否真的能满足你去做自己喜欢的事的愿望。当我本能地想走进唐纳德博士施展魔法的房间时，我确信这种本能的部分动因是他是公司董事长，坐在他身边会让我具有某种特殊性。这显然是我的错误本能。

对我来说，幸运的是，我周围都是已经和他一起在那个房间里待过的人了，他们可以用最生动的细节告诉我，我可能要做哪些活动，甚至可以让我有机会在各种副项目中完全独立地尝试这些活动。正是在这些副项目中，我第一次发现了我真正的爱的迹象——我被深深地吸引到了设计问答组合的活动中，被每个组合产生的数据所吸引，几个小时感觉就像一晃而过。

最终，是这些感觉，而不是声望的诱惑，吸引我不断回到那个房间，并激发了我走进去的动力。如果你发现自己本能地渴望"进入一个房间"，那么你就一定要尽可能多地了解自己是否喜爱"在上演重头戏的房间里"所进行的活动。

如果我超级关注我喜爱的活动，并且尝试去做，我非常努力地尝试了，结果发现我仍然不太擅长这些活动，那该怎么办？

是的，这种情况确实会发生。很多喜欢唱歌、打篮球、画画的人都遇到过这种情况。你喜爱这项活动，当你做这项活动时你会感到精神振奋，可你似乎就是没有能力在这项活动中表现出色。

唔，在我们所有人生活于其中的这个世界里，我们对这样的活动有一个称呼：爱好。一门爱好可以促进你的幸福和康乐，原因有很多，但其中一个最不容怀疑的原因就是，这项活动本身具有类似于红线的特质。它充满了积极的能量，会一次又一次地吸引你，让你在做它的时候感觉接触到了自我。在你的"爱＋工作"之旅中，你会尝试许多不同的活动，其中一些将成为你的爱好，为你带来爱。这些活动，它们很宝贵。它们会给你的生活带来爱，哪怕你似乎永远也无法好到足以将它们转化为你的实际工作。

你的人生应该是一场对爱的持续追求。有时你的爱会带来卓越的表现，有时则不会。但在所有情况下，人生中拥有的爱越多就意味着人生越充实。

反馈

通往地狱的道路上铺满了他人的建议

我对自己非常满意。

我的好朋友以及我上一本书的合著者艾什利·古铎（Ashley Goodall）（他是男人，因为，唔，英国人嘛）打电话给我，向我征求关于录制有声读物的建议，而我给了他最好的金点子。

要知道，我们合著的《关于工作的九个谎言》（*Nine Lies About Work*）碰巧也是我的第九本著作，所以我很重视把它制作成有声读物的工作。

"这实际上是一件相当棘手的事情，"我警告他，"他们会把你关在录音室里，把所有书页摊在一个乐谱架上，把一个很响的麦克风放在你的嘴边，然后告诉你要尽可能热情、流畅地说话。听有声读物是一种私密的体验，所以你必须想办法调节你的速度和语调，以便能很好地愉悦听众的耳朵。"

我让他放心。

"别担心，"我说，"我在这方面算是比较专业的。做这个事情的诀窍是：目光越过乐谱架上方，通过玻璃窗看着制作人的眼睛，然后假装你只是在一边喝饮料或咖啡一边向他们讲述一些有趣的事实和故事——这样一来你就会给人们以友好和健谈的感觉。每当你觉得自己要迷失在手稿中时，就重新想象一下你正在和制片人聊天的画面，然后你就能轻松搞定了，不费吹灰之力。"

第二天，我自己走进录音室，录下这本书归我读的那一半——我们轮流读每个章节。我使用了我的"只是聊天而已"的视觉化技巧，感觉整个过程进行得很快。他们留出了三天时间来录我的部分，但我一个下午就搞定了。

正如我所说，我很专业。

我在艾什利去录音的前一天给他打了最后一次电话，巩固我的建议：你正在和制作人喝东西聊天。要进行眼神交流，想象你手中有一杯你喜爱的饮料，要顺其自然。

我洋洋自得。我对一件事情想得如此透彻，不仅能向我的朋友传达我们需要什么样的录音效果，而且还能向他传达一种非常具体的方法以创造这种效果。我太棒了！超级出色的教练！

第二天下班时，艾什利打来电话，说他都完成了。这是他第一次录有声读物，而本打算让他花四天时间完成的工作却在短短一天内一蹴而就。

"哇，"我说，"干得好！太棒了！那么，那个办法有用吗？视觉化技巧？"我等待着他的肯定，并为我们俩感到自豪。

"不，恐怕没有。"他说，"我走进去之后，一开始就像你说的那样——乐谱架、书本、很大很响的麦克风。但是，当我坐下来看着制作人时，我必须伸长脖子才能绕过乐谱架看到他，这显然是行不通的。然后，当我试图看着他的眼睛时，他却正低头看着控制台，所以整桩事情感觉非常奇怪，很不自然。"

"哦！真的？那么，呃，你又是怎么顺利完成的呢？他们告诉我，对录制有声读物的新人来说，可能需要花几天时间读上好几次。"

"啊，是这样的，我无意中发现了一个适合我自己的窍门。作为一名钢琴家，我习惯于视奏，就是未经排练直接看着乐谱演奏。而视奏的关键就是，你必须习惯于看比你的双手正在演奏的乐谱提前四五小节的地方，这样你才能为下一步的演奏以及你想获得的演奏效果做计划。"

"哦。"我说。

"所以，我开始阅读，尴尬而绝望地试图抓住制作人的目光，可制作人一直在看别的地方，整桩事情进行得很糟糕。接着，突然间，我感觉到一种熟悉的模式——朗读这本书就像是在视奏。我需要比我的口中实际在读的部分超前看四五个单词，这样我就可以计划我需要什么效果了。如果我能让自己沉浸在视奏的节奏中，那么我就应该能够像弹奏肖邦奏鸣曲一样轻松地完成这一切。于是我就这么做了。我做到了。我的意思是，很顺利。"

"哦！"我再次说道。

不能说当时我的表现是粗鲁的，但肯定是有一丝失望的。我并不是我自以为的天才教练。艾什利靠自己想出了办法，而且，对他来说，这个办法比我任何一种出于好意提供的技巧都要自然和真实得多。就算我可能给他出 1000 个金点子，那里面也绝不会出现"假装你正在视奏肖邦奏鸣曲"。然而，在他的清单上，这却是排名第一的策略。

我的建议并没有让他解脱，反而——和我一起——让他窒息了。

毫无疑问，你会有类似的经历。一些好心好意的人——可能是你的父亲、你的老师或是你的团队领导——会希望你把某件事情做好，于是会向你提供"有益"的建议。为了忠于自己，请尽你所能抵制住按照他们所说的去做的诱惑——不管他们有多聪明。

黄金法则规定，你希望别人怎样对待你，你就应该怎样对待别人。虽然这绝对是出于好意，但是这条法则的问题在于，它预设了每个人的所爱都与你一样，因此每个人所希望得到的待遇都和你一样。幸运的是，这并不是真的。艾什利在做事、思考、学习、说话和表演方面的整体方式与我有着天壤之别，所以我给出的任何对我有用的建议几乎都注定不会对他奏效。

如今，你会听到很多人鼓吹说，你应该欢迎他人的反馈和建议。然而，在大多数情况下，他们的反馈或建议只会让你更糊涂，扭曲真正的你和你真正能做的事情。

只有在一种情况下，他人的反馈或建议被证明是有帮助的，那就是在他们纠正你获得的错误信息时，或者是当你在一系列死记硬背的步骤中错过了预定义的步骤时。在其他情况下，他们的反馈和建议比单纯的没用更糟糕。无论它们被表达得多么小心，在剥去所有伪装后，它们真正要对你说的其实是："你只有像我这样做才能做得更好。"

在这里，明确区分他人的"反馈"和"反应"是非常有用的。他人的反馈——试试这样做、试试那样做——是值得怀疑的，因为事实就是，他们并不是你，因此无法知道何种行动或技巧能够帮助你——而非他们——做得更好。每当有人说"我想给你一些反馈"时，请礼貌地捂住你的耳朵，不然你会被——出于善意地——闷死。

然而，与之形成鲜明对比的是，当有人与你分享他们的反应时，你绝对应该注意。他们的反应是一种更为谦卑的礼物。反应不是处方——它不是说："多做这件事，少做那件事。"它只是对你所说、所做或所写的东西的反应而已。所以，如果你发了一封电子邮件，对方说："我真被你这封电子邮件弄糊涂了。"这就是他们的反应，他们对自己反应的真实性拥有百分之百的权威。我想你可以和他们争论，说："哦，你不应该感到糊涂。"但这太愚蠢了，不是吗？事实就是，他们确实被你的邮件搞糊涂了。他们的反应是真实的，胜过你可能说的任何话。你无法说服他们：其实，你并不困惑。

同样，如果有人说："你的演讲让我感到很无聊。"那么你就不能用"不，你没有！"来反驳他们，因为他们确实感到很无聊。他们感受到了。他们的感受完全属于他们，而不是你。

所以，是的，要密切关注他人的反应。这些反应将是很好的原材料，用来帮助你了解你在世界上刻下的印痕。当他们的反应不是你想要的时，要尊重他们的反应，然后仔细思考他们的反应是针对你的哪些行为的。

更重要的是，当他人的反应完全符合你的希望时——他们喜欢你的电话、你的电子邮件、你的演讲、你的歌声，你就需要花大量时间探究他们的反应。问问他们为什么会有这样的感觉，是什么触动了他们，以及当他们靠近你时，是什么吸引了他们的注意力。你这样做并不是为了听他们赞扬你，而是为了越来越多地了解，在你处于最佳状态时，你是什么样的。这其实是在利用他们对你的有效行为的反应使你自己变得越来越擅长将你的所爱转化为贡献。

但无论你做什么，都不要听取别人的反馈和建议。好吧，你可以听，只是不要付诸行动。忠于自我的时刻永远是你最富有成效、最富有魅力的时刻。当你强行给自己披上一张画皮时，你只会让人毛骨悚然。

与恐惧战斗

与你的恐惧相亲相爱

说到恐惧，你害怕什么？

我知道我们不应该害怕。"假如你不害怕的话，你会做什么？"——社交媒体上的励志帖子这样问我们，就好像我们的任务就是驱除生活中的恐惧。

我的问题是，我发现自己一直处在害怕的状态。例如，此时此刻，当我坐在这里写这一章时，我就害怕写不出一个足够好的关于恐惧的章节。另外，我担心我儿子大学返校后是否安全。以及，不知道什么时候又会接到关于我哥哥健康状况恶化的电话。还有，我妈妈是否会因为照顾我哥哥的压力太大而崩溃。

这么多的恐惧，其中一些我并不为之感到骄傲，它们都在我的内心翻江倒海。

我会感到这些恐惧，这正常吗？作为一个人类，我承认这些恐惧始终伴随着我，那我作为一个人类是不是算挺失败的？互联网——还有马基雅维利（Machiavelli）、埃克哈特·托利（Eckhart Tolle）及玛丽安·威廉姆森（Marianne Williamson）——告诉我，爱的对立面是恐惧。所以，生活在恐惧中的我，是不是正在把自己封闭在爱之外？要过一种充实的生活，一种能让我将爱转化为贡献的生活，我是不是必须直面恐惧并战胜恐惧？

感觉上我确实应该这么做。毕竟，爱是一种能让我向各种可能性敞开心扉的情感，而恐惧则令我的思维和选择变得狭窄。但是让我们面对现实吧，有时候这并不是一件坏事。缩小我的关注焦点正是恐惧感产生的目的。它是一种求生情感，旨在提高我的心率，让我的体内充满皮质醇和肾上腺素，并且让我的思维只关注被感知到的威胁，以及我到底是应该奋起战斗还是应该转身逃命。如果我不巧看到一只熊从树林里冒出来，或者是一个强盗从树后面跳出来，那么上述的一切对我而言将是无比宝贵的。

但是如果我想做一件更有创造性的事情，比如深化一段关系、设计一个软件程序、解决客户的问题或者是画一幅画，那么这种恐惧就远没有那么重要了。没有人能在恐惧中进行创造。

然而我发现我无法驱除恐惧。恐惧是在世为人的一部分。对我来说，感到恐惧就像感到同情、喜悦或愤怒一样自然。假装事情不是这样、试图不带恐惧地生活，这是自欺欺人。真正的人类无法做到这一点。

那么，我们该如何应对我们的恐惧呢？我们一生都在与它们战斗，故意不看它们，逃离它们，然而每天早上当我们醒来时，它们都会和我们一同苏醒。

既然恐惧是我们的生活伴侣，那么最好的办法就是像对待任何其他伴侣一样对待它：转过身去，看着它们，问它们很多问题，对它们产生好奇心，与它们亲密接触，通过这样做，让它们揭示真实的你。

你可以了解到的第一件事情是，你的很多恐惧都集中在其他人身上，尤其是那些人对你的看法上。这不是什么问题，因为这是理所当然的事情。当有人告诉你应该无视他人对你的看法、别人对你的看法与你无关时，请不要接受这种说法。你注定是会关心别人对你的看法的。这是你人性的一部分。唯有反社会者才毫不关心别人对他们的看法。

所以，是的，关心他人对你的看法是明智的，也是有益的。正如我们在第 12 章中所讨论的，他人对你的反应是你的所爱在世间表现如何的重要标志。你需要关注他人的反应——至少，如果你很想把你的所爱转化为贡献的话，你就得这样做。

如果你是一名教师，而你的学生在你的指导下似乎无法提高他们的成绩，那么请关注这一点。他们的反应及你正在做的什么事情可能引起这种反应值得你承认并加以思考。

如果你是一名软件工程师，而你听说大多数人不想迭代你的代码，因为它很难理解，那么请尊重这种反应，考虑一下如何能让他们读懂你的代码。

如果你在做销售，而你的演示并没有使产品被售出，那么，你当然可以责怪买家没有诚意或者是你们的市场营销策略有问题，但是也要对另一种可能性保持开放的心态，即买家没有购买是因为你缺乏说服力。

然而，在所有这些场景中，请记住，对方的反应属于他们自己，且仅属于他们自己。他们对你所说、所做或所表现的一切的反应——无论是愤怒、喜悦、痛苦还是沮丧，都来自他们的内心。

创造这种反应的不是你，而是他们。这种反应是有趣的、重要的、符合逻辑的，值得关注。

但它不是属于你的，而是属于他们的。

你会发现的第二件事情是，恐惧本身并不可怕。并不是恐惧导致了你生活中的问题。只有当你逃避恐惧时，恐惧才会恶化并导致问题。

在一段关系中，如果你害怕对方离开你，那么恐惧就会恶化为占有欲，而这种占有欲则会导致窒息。

如果你害怕对方欺骗你，那么恐惧就会变异成嫉妒和怀疑，而这对邪恶的双胞胎会把你们俩都给绞杀。

如果你害怕别人对你的工作有什么看法，那么恐惧就会变形为安全的、公式化的工作，不需要挑战任何界线。

如果你害怕接受一份新工作，那么恐惧就会以麻痹的形式出现，让你始终感到舒适并停滞不前。

被回避的恐惧会转化为具有严重破坏性的感觉。

相比之下，经过审视的恐惧会产生关于你的最佳状态的强大发现。当你感到好奇并让恐惧进入内心时，你会意识到你的恐惧是你的所爱的又一个标志。我害怕写这个关于恐惧的章节，正是因为我喜爱写一些能帮助你的东西，而我是那么想帮助你。我害怕我妈妈无法照顾我哥哥，正是因为我非常爱他们俩。我的恐惧准确定位了我的所爱。

从这个意义上说，恐惧很像痛苦。对身体而言，疼痛的目的是将我的注意力转移到对我的健康至关重要的东西上；痛觉缺失，即感觉不到疼痛，是一种如果不加以治疗就可能导致死亡的病症。对心灵而言，恐惧就相当于疼痛。感受恐惧并循着它而去，它就会让你立刻找到你所爱的东西或人，找到你所热爱的事物，找到你深深在意的人。从这个意义上说，你的恐惧是你最聪明、最深情的伴侣。它知道你爱谁、爱什么——不需要判断，不需要有意识的策划就能知道，但这又是如此准确和急切，以至于在你意识到你的所爱之前，甚至在你准备承认你的所爱之前，你的所爱就已经被揭示出来了。

试着改变你与恐惧的关系。不要驱逐它们，不要和它们战斗，不要奋起挫败它们。相反，要看看你是否能学会尊重你的恐惧——这意味着倾听它们、对它们感到好奇并将它们作为真实的你的一部分加以赞赏。只要你温柔地、慷慨地、友善地这样做，它们就会向你揭示你的真爱。

在你的旅程中，你被告知要藐视恐惧、直面恐惧、走出你的舒适区。然而这一切都是误导。你在人生中的重大选择不是"舒适还是不舒适"，而是"爱还是不爱"。当你遇到你所爱的事物时，你必会感到恐惧。这种恐惧不能用"没关系"来形容，而是要用"不可或缺"来形容。事实上，它是如此重要，以至于假使你在做一件事情的时候没有感到恐惧，那么你就已经失去了你的所爱。

所以，你要走恐惧之路，因为恐惧之路就是爱之路。

给我评分评级

一旦开始比较，"你"就消失了

彼得·奥斯瓦尔德很酷。我们俩是在六岁半的时候认识的，就在进小学的第一天。在接下来的六年里，我们一直在一起玩。他不像史蒂夫、迈尔斯、迈克和蒂姆那样是我真正的死党。他不来我家参加盛大的"太空入侵者"会议，也不和我们一起参加运动队。然而，我始终对他怀有深深的敬意。我甚至还可能有点儿畏惧他。

最先吸引我的，是他那些小小的反叛行为。当我还在忙着让自己在学校里不招人注意时，他却会故意犯下一些小错误，惹恼负责维持纪律的学长们。他最喜欢的微型叛逆行为是在晨会时双腿微微弯曲。我们都被要求采取立正的姿势——双腿伸直，背部挺直，手臂放在背后。彼得的背部会挺得笔直，双臂也会完美地扣在身后，但是他的膝盖会采取一种很小但又肉眼可见的弯曲姿势。每天早上，学长们都会走过一排排学生，停在彼得身边，让他把膝盖伸直。这时候，他会把它们稍微伸直些，但又不会完全伸直。学长们会再次要求他伸直，然后换来彼得的一次无穷小的伸直。

在这些遭遇战中，他总是一言不发，只是死死地盯着前方，几乎根本不会听从学长们的指示。甚至当一位学长叫其他人来评估他的腿是否相对笔直时，他依然一言不发。一群13岁的"巨人"们盯着这个小男孩，他们确信自己被耍了，却不知道该如何给他定罪或是采取什么措施。

他排在萨斯菲尔德队里，所以我永远也听不到学长们都在说些什么，但是我能看到那种迷你压迫和反抗的画面，这让我心怀敬畏。在那时候，我一想到某个学长可能会注意到我的存在就感到不寒而栗，彼得却在故意引起他们的注意和愤怒。他让自己成为目标，并向我们其他人展示了什么是可能的。

他简直就是电影《胜利大逃亡》（*The Great Escape*）中的史蒂夫·麦奎恩（Steve McQueen）。绝对是酷到家了。（去看看这部片子吧！）

在我们11岁的时候，我和彼得上了同一个英语班。我们刚刚开始了解到，学习英语不仅需要阅读，还需要写作。写真正的议论文。内容，单词和短语，结构，都要由我们自己构思。我们不愿意学习这种新技能。每次布置新的写作作业时，我们都会抱怨："需要写多长？写一个小节还是写三个小节？"（或者，天哪，要写五个小节？）我们觉得写作就像细雨中的越野跑一样：越短越好。

只有彼得例外。有一天下午，我发现他正在课桌前匆匆地写着什么。

"你在做什么？"我问他。

"写作。"

"你在写什么？我们有作文要交吗？"

"不知道。我不是在写作文。我在写一个故事。"

"什么样的故事？"

"一个战争故事。"

"士兵、坦克、枪炮和子弹？这一类故事？"

"是的。"

"你写了多长？"

"17 页。"

"17 页！"我想，"哇！没有人写东西能超过五小节！ 17 页纸意味着什么？"他在用蓝色圆珠笔在普通的横格纸上写字，当前那张纸已经写了一半，而我可以看到，在那张纸下面还有一叠纸，上面都是他蓝色的圆润字迹。

"能让我读读吗？"我问。

他留下正在写的那张纸，把其他纸递给了我。我开始读了起来，而且一读就没法停下来。这个 11 岁的孩子创造了一组角色——我可以看到他们所有人的模样，听到他们的声音，感受到他们的恐惧——并把他们放在我可以清晰想象的场景和挑战中。那 17 页纸深深吸引了我。

"哇哦！"我说，"接下来会发生什么？你会继续写吗？结尾是怎样的？他们都死了吗？"

"你明天继续读。"他说。

那天晚上我回到家时，心态完全改变了。我们没必要逃避写作。写作是件很酷的事。文章中可以充满人物和故事，令人兴奋或恐惧，可以一直持续 17 页纸，或者更多。

如果酷酷的彼得能做到这一点，那为什么我不能呢？这看起来没那么难。他不是在做功课。他只是坐在课桌旁，拿着笔和纸，把所有这些人物、场景和文字从脑海中提取出来。

我坐下来开始写作。我文思泉涌，写了一页又一页。很多很多的文字，货真价实的写作，在纸上填满了那么多的空白。我妈妈进来问我在做什么。"写作。"我回答道。她笑了。我喜气洋洋，回到我的纸上，写下更多的文字，它们填满的空白对我而言可谓史无前例。最后我累了，于是就像我看到彼得所做的那样，在最后一页写下"未完待续"几个字，然后上床睡觉。

第二天，我一大早就醒了，然后匆匆骑车去学校，这样在晨会的铃声响起之前，我可以读一下我前一个晚上写下的所有东西。

我试图让自己迷失在故事中，试图给人留下深刻印象。但我甚至无法说服自己我写了一个真正的故事。在清冷的阳光下，我根本不相信自己写的任何东西。那些角色显得很假——要知道，他们当然显得很假，因为都是我凭空编造的。我给他们设计的挑战要么很无聊，要么太明显，要么根本就不真实，因为它们也是我凭空编造的。我努力读完了全部八页纸，但读完后，我觉得没有继续读下去的欲望，也不想问作者接下来会发生什么，因为我不在乎。

我非常伤心失望，也很困惑。彼得做到了，我为什么不能？难道他知道什么我不知道的诀窍吗？于是我去问他。

"我不知道，"他回答道，"我只是在脑海中看到这些角色，知道他们应该如何相处。然后我把这些写下来。你为什么不坚持下去？如果你愿意的话，我会读你写的东西。"

我确实坚持下去了，我想这是因为写满一页页纸给了我一种力量和成就感。但是我写的故事一直没有长进，在我自己和彼得——尽管他很客气——看来，这些故事始终很无聊和虚假。那些文字不会把你带到另一个世界去，相反，它们沉重而笨拙，读者必须费很大力气才能读完。

即使在那么小的年纪，我也知道我永远无法做到彼得所能做到的。如果这就是作家的工作，那我肯定不是当作家的料。我放弃了为了快乐而写作的做法。在接下来的20年里，我脑海中给自己的画像一直是：我不是作家，因为我不是彼得。这幅画像是如此醒目，以至于当我收到写第一本书的图书合同时，我最关心的条款是，万一我无法交付一本值得阅读的书，我需要向代笔作者支付多少钱。

我本该意识到，虽然我不是彼得，但这并不意味着我不是当作家的料。事实证明，我对创作虚构作品既无兴趣，也不擅长。我发现我的脑海中不会冒出任何角色，而当我试图凭空编造他们时，我甚至还来不及在纸上描述他们就已经对他们感到厌倦了。虚构的世界和人物是由艺术家们创造的，他们热情地相信这些世界和人物有存在的必要。尽管我能欣赏这样的艺术家，但我不是其中之一。

上帝保佑彼得，对于他那样的人而言，他是一个令人难以抗拒的典范。但对于我这样的人而言，他是一个糟糕的榜样。我没有意识到这一点，将钦佩之情与思想关联相混淆，并渴望成为他，以至于走上了一条非常不快乐和徒劳无益的道路。我本该坚持走真正属于自己的路。

顺便说一句，在准备写这本书时，由于我和彼得早已失去了联系，所以我查阅了彼得·奥斯瓦尔德（Peter Oswald）的信息。

原来，他成为了一名诗人和剧作家。他是伦敦莎士比亚环球剧院的第一位常驻艺术家。尽管他创作了许多备受赞誉的作品，但是他最出名的还是他写的战争剧。

为了帮助你将自己视为一种独一无二的存在，首先，你要抵制与他人进行比较的诱惑。这一点写下来很容易，但要做到却很难。我们的整个育儿、教育、社交媒体和工作系统的目的都是要迫使你将自己的所有方面与同龄人进行比较。

你的父母会拿到各种图表，将你的身高、体重、爬行、便便、走路、吃饭、睡觉、社交、第一个单词、第一句话与标准规范进行比较。从你成为受精卵的那一刻起，一直到你成年的那一天，你的父母时刻准备着用你的百分位数来衡量自己成功与否。

你的学校尤其痴迷于这种比较。你在整个受教育过程中获得的分数是通过将你的学习与学校、州或国家标准进行比较得出的，然后能准确定位你在这种标准分布中的位置。这些规范定位并定义你。当然，还要确定哪些机会会给你，哪些不会给你。

在工作中，这种对比较的痴迷发展成了一种强迫症。你能赚多少钱、你能否升职、你是否会被解雇，所有这些都将取决于你的绩效评级。这个评级是由你的组织将你与其他所有人进行比较而确定的。如果它认为你比其他所有人都好，你会得到 5 分。如果你处于中游，那么你就会得到 3 分。

一些组织通过比较每个人的表现和潜力得出这些评分。另一些组织则更进一步，规定了每个人应该拥有的技能列表——这些技能被称为胜任力——然后根据与同侪相比你每项技能看似如何来给你打分。

一些组织担心太多的员工会获得高分，于是要求只有一定比例的员工可以获得5分和4分，其余的员工则必须被评为3分或更低。这被称为强制曲线（forcing the curve）。它意味着即使你与同侪相比较具有优势，最终也还是可能得到很低的评分。

这些比较制度是为组织服务的——分数帮助学校确定其排名，从而决定了它们能获得多少资金；评级则有助于公司根据不同级别发放绩效工资和奖金。

它们都不是为你服务的。相反，通过将你与他人进行比较，他们会让你消失不见。它们使用标准化的评判原则来衡量你，这就是他们隐藏你的方式。让你自己，还有所有其他人，都看不到你。

天堂雪场的故事

当然，有时候比较的压力不是来自你，也不是来自你的父母或老板，而是来自你的朋友。那些人看着你，将他们的人生选择与你的人生选择进行比较，然后，由于他们感到这种比较的结果令他们相形见绌，所以他们要诋毁你和你的旅程。这种类型的比较是最糟糕的。它们能以最快的速度突破你的防御，然后它们又是最难撼动的。这就是来自"盟友"的挑剔评判。

下面是米歇尔日记中的一个例子，她试图理解朋友们对于她尽力兼顾工作和家庭的做法的反应。

———————

我们在太浩湖（Lake Tahoe）的天堂雪场租了一栋房子。四个开心的家庭意味着有八个大人和十个孩子。我没有带滑雪零食或羊毛保暖衣。我两个儿子的手腕都暴露在外，可以看到他们穿着已经过季的夹克。毕竟，我是个需要上班的妈妈。

开车时，我的压力很大。别误会我。看着男孩们从山上冲下来，灿烂的笑容与巍峨的高山"相映成辉"，这让我很开心。但我无法中断工作，因为我不仅是员工中唯一一个决定与家人共度寒假的高管，而且我是唯一一个准备在解雇了 30% 的员工、毁掉了他们的生活之后准备休假的高管。

是的。就是在那个星期。

滑完雪之后，我们拖着脚步穿过严寒，走进温暖的小屋。布莱恩点燃炉火，拿上电脑，向大家宣布他必须处理一些工作，因为这是星期二。所有的妈妈们都点头对布莱恩表示赞赏。他就像一只帝企鹅，会好好照顾他的家人。他将饿着肚子工作，而他的妻子则会在漫长的滑雪日后补充营养。他要稍后再吃饭。我们挥手让他离开，他脸上洋溢着自豪的笑容。希瑟像扔五彩纸屑一样朝他身上扔糖粉。

布莱恩的妻子苔丝开始烤她在旅行前精心准备的自制意大利通心面。吉尔在自制的纸杯蛋糕上撒蓝色的小花，然后跑到她的包前，因为她差点忘了为这里唯一的女孩艾娃买的粉色小花。孩子们高兴地尖叫着，看到在一个厚厚的巧克力蛋糕上有一堆高高的白色糖霜。"这看起来像雪！"他们说。

我给自己调了一杯叫作"莫斯科骡子"的鸡尾酒。

"我们 20 分钟后开会，你能赶上吗？"我的同事们知道我在度假，但还是发来了短信。当时是晚上 8：30。"是的，当然可以。"我回复道，尽管我知道不参加大家的八卦问答游戏（饮酒作乐版）将是一场可怕的灾难。

所有的孩子都在楼上的阁楼里，观看滑雪电影《雪岭雄风》（*Aspen Extreme*）。吉尔让艾娃负责摇铃铛，每当出现吻戏时，艾娃就摇铃铛，然后吉尔就会跑上去捂住小米奇的眼睛。我开始等待铃声，等待第一场吻戏。

铃声响了，吉尔跳了起来，我和她一起跳起来，溜了出去，跑进卧室接电话。只有四个人在线。"哦，太好了，我没有迟到。"我想。我们正在等待我们的首席执行官。哦，不，我们并没有。董事会想把首席执行官放进裁员名单，他们想明天执行。明天我将不得不从天堂滑雪场的休息室里解雇我们的首席执行官。我穿着粉色裤子和羊毛衫，开始拽自己的头发。好在没人会看见。我正待在一间用法兰绒围起来的房间里。他们开始向我咨询法律问题。

"喝吧！你需要喝酒！"我的背景处传来一群40岁成年人的喊叫声。我立刻跳进了一间小小的步入式壁橱里，用冰冷的双手摸索着静音按钮。"喂？你在吗？"我的同事问道。我等待小木屋里的吼叫声停息下来。"是的，对不起，刚才我按了静音。是的，我们必须拿出一笔可观的遣散费。"

我说话的时候就仿佛我正穿着套装端坐在闪闪发光的玻璃办公室里，但事实上，我正穿着湿漉漉的袜子和我九岁儿子的运动服，因为我忘了打包家居服。

45分钟后，电话会议结束了，而超级妈妈们仍在大声嬉戏，跟爸爸们的喧闹声此起彼伏。我等待接吻铃再次响起，好悄悄溜回去。但是我的无檐小便帽太鲜艳了，我被逮个正着。

"不会吧？现在是晚上十点钟，你竟然在度假的时候工作！"她们摇头、瞪眼。我让她们失望了。

第二天，我在滑雪休息室里解雇了我们的首席执行官。

那天晚上我和大家一起玩游戏。

当我的电话铃响起时，超级妈妈们会举起手来，就好像她们在示意车辆停下，以便让她们的孩子们可以走过学校的人行横道。"不！今晚不行！这叫作假期！这叫作边界！他们认为你会在度假时出席会议，这太荒唐了！这值得吗？我绝对不会错过一场孩子们的小联盟比赛。不然我绝对无法原谅自己。我不知道你是怎么做到的。"

但是布莱恩，这位职业爸爸，错过了很多小联盟比赛。

布莱恩在那个假期每天都在工作。

布莱恩受到了表扬。

我挣的钱比那个发霉小屋里的大多数男人都多。我努力工作来照顾我的家人。为什么不向我撒五彩糖粉呢？

为什么我就不能当帝企鹅？

———————

很明显，这是一种特殊的比较形式：一个女人受到来自其他女人的压力，她们拿自己的人生选择与她做比较，并在这个过程中对她进行评判。

布莱恩在工作中找到了爱。她也是。布莱恩可以从事自己所爱的活动而不必与他人"开玩笑"式的谴责做斗争。相反，她们会询问他的工作情况、问他对什么感到兴奋、他的目标是什么，而他则可以描述自己的所爱，并为之陶醉。他的听众肯定并放大了他的所爱，而他在她们的眼里则变得更为成功。

不管支持的反义词是什么，总之它就是米歇尔得到的。它不是来自敌人，不是来自试图让她受委屈的人，而是来自她最亲密的知己。因此，她和许多职场女性一样，没有机会放大自己的所爱，而是不得不为自己的所爱道歉。

显然，我没有办法解决所有那些强行挤进你的视野、让你扭曲对自己的看法的比较行为，我能告诉你的是下面这些话：

第一，无论他人的凝视多么犀利，或是评判多么尖酸刻薄，你都要紧紧抓住自己的红线。它们是你的。其他人可以告诉你，他们认为你应该是什么样的，但你比任何人都更清楚你的所爱是什么以及它们让你有什么感觉。这些红线中蕴含着真理和力量。将它们越来越紧密地编织到你的生活中，向他人展示你是如何利用它们作出贡献的，随着时间的推移，你会发现你编织的结构变得足够坚固，既能支持你，又能阻挡他人的凝视和评判。

第二，仔细选择你日常要和谁相处。认真对待这样一个事实：那些与你最亲近的人确实能触动你的内心。你不能假装他们做不到，因为这是违背人性的。你身边最亲近的人真的希望你苗壮成长吗？他们真的想支持你把你所热爱的一切变成你所能贡献的一切吗？如果他们不是这样，那么你和他们的关系就是无益的。有时候，处理一段糟糕关系的最好方法就是摆脱它。

第三，如果你觉得有必要将自己与他人进行比较，那么就**将你的注意力始终集中在贡献上**，集中在你努力的结果上。永远不要将你的方法与他们的方法进行比较。如果你正在与一位同事合作，他似乎能够扭转客户的沮丧情绪，那么，是的，钦佩这一结果。如果有一位队友擅长制作演示材料，且这能让她获得所需的资金，那么，是的，承认这一成果的价值——如果你也渴望如此的话，你甚至可以以此为你的目标。

但是，要努力抵制诱惑，不要去模仿他人的方法，也不将自己的方法与他人的方法进行比较。他们的路并不是你的路，也永远不会。他人的方法对你而言是个谜，正如你的方法对他们而言也是个谜。

对你来说，最好的前进方式是钦佩他人的贡献，然后找出你能获得相同结果的最本能、最真实的方式。不要将你的销售、服务、写作、演示或领导方式与他人进行比较，因为你会在比较中迷失自我。相反，要寻找你能获得同样结果的阻力最小的道路。

波洛克（Pollock）、马蒂斯（Matisse）和奥基夫（O'Keefe）相比较如何？[1] 克里斯·洛克（Chris Rock）、杰瑞·宋飞（Jerry Seinfeld）和艾米·舒默（Amy Schumer）相比较如何？[2] 卡迪·B（Cardi B）、碧昂斯（Beyoncé）和艾德·希兰（Ed Sheeran）相比较如何？[3] 纳尔逊·曼德拉（Nelson Mandela）、巴拉克·奥巴马（Barack Obama）和马拉拉·优素福扎伊（Malala Yousafzai）相比较如何？[4] 他们每个人都代表着相似旅程中的一条不同的路线。所以，是的，你可以钦佩画家让你大开眼界的技艺，钦佩喜剧演员让你开怀大笑的本领，钦佩歌手打动人心的唱功，钦佩诺贝尔和平奖得主对世界的影响。但是要比较他们是如何成功的，并期望他们互相模仿——哦，只有傻瓜才会这么做，不是吗。

最后，记住你的独特之处是多么浩瀚无垠。5000 个银河系（参见前文提示）。没有人能和你相比较，永远也不会有。你的精

---

① 这里三位皆为著名画家。——译者注
② 这里三位皆为著名演员。——译者注
③ 这里三位皆为著名歌手。——译者注
④ 这里三位皆为著名政治人物、诺贝尔和平奖获得者。——译者注

神联系、洞察力、本能、所爱以及所恨的模式是无与伦比、无可匹配的。

这并不意味着你比任何人都好。这仅仅意味着将你和其他任何人做任何比较都是想象力的失败。

忍着吧，别抱怨

爱不是一件奢侈品

你整个旅程中最可怕的魔鬼可能是这最后一个：忍着吧，别抱怨。

它会告诉你，你的所有追求都是在浪费时间；大多数工作都很糟糕，只能忍受，而不是享受；你需要做的就是在上班时深吸一口气，完成你的工作，然后回家；把所有的爱留给你的朋友和家人。

我第一次遇到这个魔鬼是在研究世界最佳管家的才能时。

"你为什么对管家感兴趣？"当时沃顿商学院的一位教授问我，"很显然，他们让你着迷。"

很显然，他们确实让我着迷。在我的第一本书《首先，打破一切常规》中，我介绍了迪士尼乐园的一个管家团队，在第二本书《将你的优势投入工作中》（*Go Put Your Strengths to Work*）里，我介绍了一个来自希尔顿酒店的不同团队。

我认为，我之所以对他们如此感兴趣是因为，他们的工作属于那种让我们自觉高人一等的工作。"这种工作任何人都可以做。"我们在心里认为。如果我们运气不好，不得不做这份工作的话，我们一定会度日如年，盼望着有一天能够获得晋升以摆脱它。然而，在这里，我采访了迪士尼乐园的十位最佳管家，我亲耳听到他们说，这项工作有趣且富有挑战性，他们很热爱它。

　　"你喜爱它的什么？"我问他们。我得到了一系列不同的答案：

　　"我喜爱一边用吸尘器吸尘，一边倒退着走出每个房间。把脏乱不堪的房间变成一尘不染的整洁空间。感觉太棒了！"

　　"我喜爱繁忙的退房高峰日。有很多事情要做，要用正确的方式把推车装满，每个人的动作都很麻利。"

　　"我喜爱给我们的客人安排表演。我会把毛绒玩具安排在一个小场景中，这样头一天孩子们回来时会发现米奇和米妮正在窗台上跳舞。第二天我又让唐老鸭和果菲狗一只胳膊搂着对方，另一只胳膊放在遥控器或是空的炸薯条罐上，这样孩子们就会认为，当他们在乐园里游玩时，唐老鸭和果菲狗就在一起吃零食和看电视。"

　　不管是说英语、葡萄牙语、海地克里奥尔语还是西班牙语，这一群管家都很擅长自己的工作，彼此都不认识，但是都在管家工作中找到了自己喜爱的东西。据他们说，要把这项工作干好不仅非常困难，而且，如果真的能做得很出色，他们并不想获得晋升以摆脱它。他们中的一些人曾获得晋升到主管职位的机会，却拒绝了。

　　这些杰出的管家揭穿了以下种种谎言：在工作中找到爱是一种我们大多数人都无法承担的奢侈品；工作之所以被称为"工作"

是有原因的；你不应该通过工作来定义自己或是试图通过工作来找到自我；你并不是你的工作；你去上班是为了挣钱——仅此而已——你带着这些钱回家，用它来供养你爱的人，所以，忍着吧，别抱怨。

托妮·莫里森（Toni Morrison）曾引用过她父亲类似的话语。在她向他抱怨自己的工作后，他说："听着，你又不住在那里。你住在这里，和你的家人一起。你去工作，然后拿工资，然后就回家。"

芭芭拉·埃伦瑞奇（Barbara Ehrenreich）在她的《我在底层的生活》（*Nickel and Dimed: On (Not) Getting By in America*）一书中更深入地阐述了相同的观点。简言之，她花了一年时间让自己从事她认为很卑微的低薪工作，然后写了一本书，讲述这些工作是多么可怕、多么消磨精神，以及，如果我们打算强迫人们去做家务清洁或制造业的工作，那么我们就应该支付他们远远超过目前水平的工资，以补偿他们在这种无爱的工作中饱受的煎熬。

这里不是讨论工资的地方——尽管坦率地说，我同意她的观点，即一线工人和高级领导层之间的工资差距已经达到了令人作呕的程度。但是我们可以说，任何工作，如果是由一个无法在其中找到爱的人来做的，那么它都是可怕的，都会消磨人的精神。

聆听那些管家们描述他们的工作，让人觉得他们的工作令人兴奋，令人着迷，充满了多样性。但同样是这份工作，芭芭拉的描述听上去却很可怕。

下面是另一份听上去很可怕的工作：花一年时间做研究，组织面谈，做大量笔记，整理笔记，然后想办法把它们变成一本引人入胜的书。这就是芭芭拉的工作，而对成百上千万的人而言，这听上去绝对太消磨精神了。但芭芭拉不这么想。她喜爱这份工作。

管家工作也一样。对芭芭拉来说，它听上去太消磨精神了，但对我采访过的成百上千位卓越的管家而言却不是这样。他们喜爱它。

那么谁是对的？呃，没有人是对的。或者更确切地说，他们都对。我们每个人都会在不同的活动、人物、情境和结果中找到爱。我们都需要非常小心，不要把我们的所爱强加给他人；不要仅仅因为我们自己喜欢在纸上书写文字并且讨厌打扫浴室，就假设所有人都会有这种感觉。你讨厌某份工作并不意味着所有人都讨厌它。

或者，反过来说，我们不应该假设任何一个出色完成工作的人都必须爱这份工作的所有方面。正如本书第5章中妙佑医疗国际的研究所表明的，我们的目标应该是在至少20%的工作中能够找到爱。在任何工作中，如果你发现你喜爱的部分不到20%，如果这个百分比下降到15%、10%，或者——但愿不会这样——降到零，那么你就有极大的可能体验到倦怠、遭遇工作意外并开始用旷工、酗酒和药物来治疗自己。

在任何工作中，没有爱就不可能实现持续的卓越。爱不是一件奢侈品，而是一件必需品。

当然，在某些情况下——而且这种情况很多很多——公司会设置无爱的工作岗位，而主管则对你热爱工作的哪些方面以及你如何能将其转化为贡献毫无兴趣。

例如，如果一家公司设置的仓库工作岗位几乎不需要人进行任何思考判断，甚至连上厕所的时间都没有，那么无论工人想出多少种心理游戏来熬过一天的时间，他们都只会是在熬日子、忍受工作，而不是贡献自己所爱的东西。

或者，如果教师获得的经济资源太少，甚至都无法为自己的班级购买教育用品，而学生又太多，以至于他们无法关注每一个学生，那么我们很难想象他们如何能在这个超负荷运转、资金不足的世界里找到爱。

事实上，本书的目标之一就是让公司和管理者们认识到，在设计一份工作时，围绕着相关领域最优秀人才所喜爱的方面进行设计会带来诸多好处——如减少损失的工作日，提高工作质量，降低倦怠感，提高学习效果。只要将"爱"作为设计任何工作的标准，那么这份工作看上去就会与许多人不得不忍受的不人性的工作描述和委任令截然不同。

回想我采访迪士尼乐园管家的情景，我始终记得具有讽刺意义的一个细节：最好的管家会躺在床上，打开吊扇，因为这是客人在公园度过漫长一天后做的第一件事情，但事实上，他们的正式工作描述是禁止他们躺在床上的。那么那些每天用孩子们的玩具布置不同小场景的管家们呢？他们也违反了规定，即非打扫房间所必要，不得触摸客人的物品。

如果你在设计一份工作时就好像这里面没有任何爱，那么这是一个会自我实现的预言——你最终会设计出一份无爱的工作，以至于这个领域中最出色的人才必须打破规则和规定才能在他们的工作中找到爱。在我们的能力所及范围内，我们应该努力说服我们的领导：这是错误的。如果我们能从热爱这份工作的人的角度来定义工作，那么就能收获更高的绩效、更好的质量和更少的倦怠感等皆大欢喜的结果。

爱是动态的，不是平衡的

爱不仅是一种感觉，它还是一种能量，和所有能量一样，它必须流动起来。对你、对我、对所有人来说，健康的生活并不是我们能找到平衡的生活。"平衡"的生活——你的工作、家庭、财务、梦想都完美同步——不仅几乎不可能实现，而且，即使真的实现了，你的生活也会如一潭死水般停滞不前，你会踮着脚尖走路，想："拜托，谁也不要动！我把一切都安排得这么好！"

然而，健康的生活意味着你在不停地运转，你在生活的各个层面活动——用一种可以从中汲取力量和爱的方式，然后这又会提供你持续活动所需的能量。

这意味着要幸福而充实地生活，你就必须表达你的所爱。是的，它们来自你的内心，但它们需要被表达出来。你必须以某种方式在某个地方把它们释放出来，把它们从你的所爱变成行动，从激情变成贡献。当你这样做的时候，你会感觉你的生活连贯而真实，你会知道，你身上的每一个细胞都会知道，你正走在属于你的道路上。

然而，反过来也是如此。如果你喜爱做某件事情，任何事情——组织、写作、设计、挑战、教学——但你却被阻止去做它，那么你就会开始感觉自己的生活不对劲。你可能会感到沮丧，可能会感到愤怒、抑郁或困惑。你会坐在沙发上暗自哭泣，却不知道为什么。你会发现自己脾气暴躁、不耐烦，会推开那些想帮助你的人。你在脑雾中走来走去，想知道你的创造力和机智都上哪儿去了。

当你安静下来的时候，你可能会问自己：我刚才是怎么了？我出了什么问题？我简直不认识自己了。我觉得我已经不再喜欢自己了。

这是最怪异的感觉，不是吗？爱似乎是一种积极的情感——它会让你打开心扉，给你带来全新的理念、宽厚的精神、协作的意愿——然而，无法表达出来的爱却变成了一种尖刻、粗暴的东西，让你的内心枯萎。你的所爱可以提升和展现你最优秀的一面，可当它们被压抑时，却会烧掉你真实自我的任何迹象，把你变成行尸走肉。

我的母亲乔喜欢通过阅读去了解世界上伟大宗教的起源，她在《多马福音》（*Gospel of Thomas*）中发现了这段话，它完美地表达了被压抑的爱的危险："倘若你们将你们的内在活出来，被活出来的将救拔你。倘若你们不将你们的内在活出来，没有被活出来的将摧毁你。"

所以，不，让人"忍着吧，别抱怨"的魔鬼啊，爱不是一种只供极少数人享受的奢侈品。得以表达的所爱是我们所有人的必需品。扼杀它们，否定它们，阻断它们的流动，它们就会从内而外摧毁你。

但是，识别它们，尊重它们，让它们转化为贡献，你就会成为你所能成为的最成功、最强大的你。

第三部分

将"爱 + 工作"付诸实践

现在我们要进入实质性的讨论了。确切地说，就是你如何才能追随你的所爱，过上一种完全属于自己的生活？"爱"，听上去是如此可爱，但听上去也是如此软绵绵、黏糊糊，甚至是理想主义。当你每天都得面对一个忙碌到对你视而不见的世界时，你又该如何为自己创造一种更有爱的生活方式呢？

在本书的这一部分，我将尽可能为你提供实用的信息。我们将以你的人际关系为起点，因为无论你正处在旅程的哪个阶段，你都需要依靠他人的帮助。然后，我们将深入探讨你的职业生涯——面对如此多的职场变化，你能做些什么来找到真正适合你的道路？接着是领导艺术——具体地说，你该如何领导团队，以便让每个团队成员都有最大的机会用他们的所爱为组织完成使命作贡献？从更广泛的角度说，哪些实践和特征表明你的组织是认真对待每个人的所爱的？真正的"爱＋工作"型组织看上去应该是什么样的？

最后，我们将看看爱可以如何帮助你和他人学习。你的中小学、大学和职场培训的架构都没有太多关注你的所爱。我们如何才能齐心协力地改造学习方式，让它尊重你已经具备的内在独特性？

本书的这一部分提供了很多处方和行动建议，所以请做好心理准备，拿起你的红笔，让我们开始讨论：你到底能做些什么来将"爱＋工作"付诸实践？

我看到你，我爱你

你的"爱＋工作"关系

我应该离开吗？

这是 2015 年的夏天，这些日子里我无法摆脱这个问题。它整天纠缠着我。我上床时在想它；在漫长而难熬的夜晚，它把我惊醒；早上，我带着它晨跑；上班开车时，我会开得很快，从一个地方到另一个地方，试图让呼呼的风声把这个问题淹没：我应该离开吗？

我不是个水性杨花的人，这一点我可以肯定。我知道我一直都痴迷于爱情。我青少年时代最喜欢的电影是《日瓦戈医生》（ *Doctor Zhivago* ）、《谜中谜》（ *Charade* ）、《天堂可以等待》（ *Heaven Can Wait* ）及《最后的莫希干人》（ *The Last of the Mohicans* ）。这些电影的观众都热烈支持两个人找到彼此并矢志不渝——无论发生什么事情。我热爱恋人们，热爱一对一的真正的亲密关系，热爱灵魂伴侣。我觉得这是最美好的事物。

2015 年，我已经结婚近 20 年了。我们有两个漂亮的孩子，有房子、狗、朋友、某种程度上的财务稳定——根据清单一一核对的话，这是一种非常好的生活。也没有什么人想把我从这生活中拉出去。并没有什么魅惑人的新恋情在勾引我。

所以，我这是怎么了？为什么这个问题会在我的脑海中回响，就像中世纪教堂的钟声在呼唤我做出解释？它要我跪下来，倾听我自己的声音，倾听这些问题：我应该离开吗？我到底出什么问题了？我怎么能去考虑让我的家人经历这种灾难呢？

但是我能。我确实在考虑这么做。我为这种想法而痴迷。它吞噬了我。

在外人看来，一切都很好——我的脸上依然堆着微笑——但在内心深处，我感觉不到自我。我一天中唯一期待的事情就是淋浴——当水流冲击着我的头时，会把问题淹没。但是当我擦干身体，我就会情不自禁地回想一天的活动，当我击退它们、拨开它们、在它们之中奔驰时，我发现我所做的一切都没有乐趣。我只是在生活中的各种活动间穿行，不让任何东西进入内心。我是一面盾牌，正在保护一种空虚。

2015 年，我每天醒来时都处于迷失的状态。

然后呢，哦，然后发生了很多事情。

2016 年，我确实结束了 20 年的婚姻。

2017 年，我花了 10 年时间经营的公司被出售。

2018 年，我的前妻被卷入一起轰动全国的丑闻中。

2020 年，新冠疫情袭来，并以我们完全不了解的方式改变了我们的生活。

2016 年 2 月 15 日，我离开家，钻进车里，驱车前往一个朋友家。我痛哭流涕，头昏眼花，只知道情况不好，却毫无头绪。那是我作为丈夫和父亲最糟糕的一天。我几乎什么都不知道，我只知道"我"正在消失，如果我留在婚姻中，我们任何人都不会有好结果。

我至今仍在努力让自己接受我当时的所作所为。如果你经历过离婚，你就会明白我的意思。那是一种压倒一切的体验，你需要花几年时间才能获得任何客观判断力。请不要听任何人告诉你如何渡过离婚的难关，直到他们至少已经离婚三年。事情在不断变化，但智慧来得很慢。我甚至无法触碰我所感受到的情感的表层——那么多的负疚感被包裹在羞愧感、一些快乐及太多的痛苦中。我现在只能说，尽管我为自己的诸多人生选择感到骄傲，但是我永远不会为离婚而感到骄傲。我知道这是一个正确的决定，可尽管如此，它永远都会让我感到像是一种失败。

和所有经历过这一切的人一样，我在离婚后的第一年里过得一团糟。我从来没有得过躁郁症，但是那一年我表现出了躁郁症的所有症状。每一个疯狂而繁忙的日子之后都会伴随着一个黑暗的日子。在我的婚姻中，我把自己封闭起来，用各种事件和交易来打发时间，而现在，我独自一人，寂静显得格外凸出而黑暗。一个周末，由于厌恶自己在床上独自消磨了太多时间——只是在枕上哭泣，于是我收养了一条名叫菲茨的救援犬来陪伴我。第二个周末，我发现我和它在同一张床上度过了同样漫长的时间，这一次，我是把头埋在它身上哭泣——一个龇牙咧嘴、不断蠕动、脏兮兮的棕色"枕头"。

在某种程度上，我知道我极度渴望精神联系；但我无法向你清楚地描述这一需求。我不时会有一阵难以控制自己的感觉，这对自己和他人都很危险。我的一种心理克制就是我想独处。这样我就不会伤害到任何人了。

你在故我在

我认识米歇尔已经很久了，和她在一起工作了很长时间，除了工作以外，我很少想到她。我的生活枯燥乏味，每天就是努力工作，然后回家。

然后她开始用她的那些问题闯进我的世界。

"你说的可靠数据是什么意思？"

或者："为什么你说频率胜过质量？我不知道这是什么意思。"

或者："你怎么知道一个人的个性在一生中不会有太大变化？"

当时我们正在拍摄一系列视频，而我一直以来都不曾跟任何人以这种真诚的方式互动过，所以我以为她是在镜头前扮演面试官。但事实并非如此，她只是好奇而已，好奇到令人难以置信。每当我心态碎了一地，在她的问题面前进行自我防御时，她都会笑着说："不，真的，我真的没法让自己的脑子转过弯来。我喜欢这个概念，你得为我展开来说。"

于是我会展开来说，而她则会提更多的问题。当我顺着她的问题深入到支撑这个或那个理念的核心概念时，所有让我感到痛苦的自我防御心态都逐渐消散了。那些核心理念对我而言是一切事物中最美丽、最辉煌的点，是我的红线。她似乎知道这一点。

然而，她也会以某种方式召唤出我的负面模式，但是，同时又会以某种方式将它们编织成积极的东西——或者，更确切地说，把它们变成某种有机会被融入积极事物中的东西。

有时我会太快地对一些事情说"不"——如果我的脑子里仍然塞满了原有的想法，我的本能就是拒绝新的想法。我知道这未必是一种可敬的品质，它可能会让其他人感到十分厌烦。然而，用她的话来说，这是"即时排斥综合征"——她觉得很有趣，并且认为这并不是病态和软弱的表现，而是说明我在真正琢磨透眼下正在琢磨的想法之前，不愿意处理另一个新的想法。

这种习惯很好，甚至可以说是一种可以被聪明地加以引导的强项。

"即时排斥综合征"这个名字源自某人看到了一种怪癖，意识到它是一种模式，并乐在其中。她并没有拍着我的头表扬我——因为这毕竟是一种怪癖，而怪癖会让人烦恼。她只是认识到了我身上的某个特别之处，然后希望我能弄清楚如何利用它作出贡献。

在我的经验中，亲密关系一直是用来产生证据以对付我的。但是，亲密关系被用来产生理解，并用充满关爱的方式分享这种理解？不，我不习惯这样。我对此很怀疑。我花了很长时间才想起来亲密关系能够让人振作。

回想一下唐纳德·克利夫顿博士的所作所为。他看到并相信我的所爱。他没有让我等一等。他让我的所爱尽情奔驰。他知道它们比盖洛普组织的任何正式培训计划都更为强大。并不是说他不希望我学习并建立我的专业知识。事实上他很希望如此。但他知道我的所爱将是我学习的最佳动力和整合点。由于我会通过我的所爱学得更多、更快，所以他愿意和它们一起努力，把我还"太年轻"或是"还没准备好"之类的顾虑抛在脑后。爱会让我做好准备的。

在你的人生中是否有人如此信任你所爱的东西？

我这么问是因为，在你的旅程中，你要学习的最重要的一课就是你并不孤单。人们经常告诉你，你不应该关注别人的想法，别人对你的看法与你无关。然而，我们是社会生物，我们每个人都天生拥有镜像神经元，以确保当你感到疼痛时，我也会感到疼痛；当你大笑的时候，我会和你一起笑。我们所有人都对我们看到或感觉到的周围人的反应极其敏感。这不是一个需要解决的问题，也不是一种需要治愈的疾病，而是我们最重要的本质。我们每个人都是我们周围人的催化剂。我们每个人都是我们所爱和所领导的人的力量源泉。更简单地说，你只有在对另一个人类做出回应时才能茁壮成长。

所以，你要回答的问题是：你的身边都是什么样的人？他们看到了你的哪些品质？

我们中的极少数人可能足够清醒，能够靠自己发现自己，但我们其他人则需要帮助。我们的鼻子紧紧地贴着我们的自我，以至于我们不再能看到是什么让我们美丽和强大。我们需要另一个人揭开衡量和评判的外衣，向我们和所有其他人揭示被隐藏在那下面的东西。

没有人会教你这个。我们的课程是建立在古希腊思想家——主要是柏拉图和亚里士多德——的思想基础上的，他们并不重视人类对彼此的需要。他们告诉我们，有道德的行为来自有道德的品质；我们每个人都应该渴望培养这样的品质；我们是自己的道德世界；我们独立于其他任何人，应该能够抵抗自己那些不健康的冲动、战胜弱点并对我们的行为做出明智的选择；要想活出最好的自己，你必须在你的内心深处刻意构建完美自我所需的属性。

我不想评判柏拉图或亚里士多德，但我知道我不是一个那么完美的人。如果有人告诉我，我需要的所有资源都可以在自己身上找到，那这听起来确实令人振奋，但我的日常生活现实并非如此。相反，我感觉我一直在遭遇自己的不完美之处。

我知道我太急于评判一个想法或行动方案；我知道我太急于打断团队成员的话，他们可能会觉得我不好好听他们说话；我知道我本能地抗拒项目计划的可预测性，相反，我会很高兴地钻入一个兔子洞，只因为我认为它会通向什么有趣的地方——它或许确实会，可是看到团队中其他人的沮丧模样，我知道我钻兔子洞的行为可能是一种自私的放纵。

我知道我讨厌社交。

我知道我讨厌纪律和例行公事，而这种例行公事可能会让别人感到井井有条和拥有掌控感。

我知道我的自我防御心理很强，在受到挑战时，我的嗓门，而不是智慧，会提高。

我知道这是错误的。我知道所有这些都是不好的品质，是需要纠正的东西，是恶劣行为。如果我遵循柏拉图式的理想，我就会用一生的时间努力接受这些缺点，给它们贴上"机会领域"的标签，想办法抵御它们固有的诱惑，并且在自己身上培养新的、更令人钦佩的品质。

但是我发现我做不到。上帝可以证明我已经努力了。为什么我会讨厌社交？我很擅长社交，所以我应该喜欢它。然而，我讨厌那种不得不开启一段对话的压力：我得恰到好处地投入其中，让对方感觉到我的欣赏——但又不能过于投入，以至于我无法在适当的时候结束这次小聊天，从而可以离开对方并悄然走到下一个人身边，开启一段略有不同但实质上没什么区别的对话。自始至终，我都处在压力之下，要记住每个人的名字及其独特之处，或者是他们的工作，或者是他们新养的猫，或者是他们的新车，或者是其他什么。所有这一切的压力，永远都不会离开我。

还有日常规定。为什么我会像个小孩子一样抵触它们？为什么我前一天晚上不看日程表？为什么我会故意在周二上午的团队例会上迟到？为什么我会因为没有在某个好心好意的队友强加给我们的最后期限前完成工作而感到一丝快意？

我可以看到自己在做这些事情，我可以看出它们的效果是多么适得其反，但我还是要这么做。为什么？

你有过与此类似的认识吗？就是你的内心有一些可预测的模式，而它们中的一些对你一点儿好处也没有。你生活中最强大的基调一直是一种沉闷的提醒：只要你努力，你就可以解决这种问题；你是自己美德的源泉；你自带所有审视和完善你的缺点所需要的东西。告诉你这些的不会是柏拉图的声音——可能是你的妈妈，你的高中数学老师，或者是你的老板——但不管是谁的声音，它都是洪亮而充满说服力的。这个声音向你讲述原罪、自助、成长心态，以及 10 000 个小时的刻意练习可以将你转变成你想成为的任何人。还有，你可以完善自己，并且这件事只能由你独自完成。

最近有大量数据——从大脑科学到对高绩效者的严谨研究——表明，这一切错得多么离谱。但是好多个世纪前，阿兹特克人就已经知道，我们每个人始终都是那么独特，因此，我们是那么彼此需要。他们关于美德和善良的概念并不以个人为中心，而是关系型的。因为没有人是完美的，所以我们都不应该努力成为完美的人。在他们看来，美德——以及贡献、创造力、适应力、利他主义及所有善的事物——只有在两个人类相互联系时才会发生。

当一个人看到另一个人的弱点时，他会介入帮忙。由于我不喜欢聚会，所以这个人不会强迫我参加聚会；或者即使邀请我去了，但他会站在我身边，这样我就不必去社交了；或者他会每隔几分钟到我身边转一转，把我从每一次或太深或太浅的交谈中解救出来。

当一个人看到另一个人的行为模式时，他会引导对方的这些模式做出最积极的表达。我不喜欢做周密安排，所以这个人会告诉我如何引导我的即兴本能去创造出新颖而有价值的东西。

当一个人看到另一个人即将落入陷阱时，他会敦促后者绕过陷阱。如果我打算做出自我防御性反应，这个人会找到正确的方式来提醒我：如果我对自己的概念如此着迷，我就应该能够承受，甚至是欢迎，任何新的想法或证据。

就在我写下这些的同时，我意识到阿兹特克人的观点与德斯蒙德·图图（Desmond Tutu）大主教的班图（Ubuntu）哲学极其相似："人只有通过其他人才能成为人。"

这不同于非常理性的"我思故我在"的理念。

而是："你在故我在。"

我们只有通过与另一个人的联系才能生存和提升。只有通过另一个人的眼睛和心灵，我们才能成为善良、高尚的人，成为我们所能成为的最成功、最强大的人。

如何带着爱去看

在我的人生之旅中，我以一种务实的方式实践了这一点——我组建了优势与我互补的团队，以及一家致力于帮助客户组建相同类型的多元化团队的公司。

我所缺失的，也是让我在个人生活中如此迷失的，是让他人看到真实的我的情感力量。

在任何人际关系中，爱都不是一种保护——它不是有人介入并将你从你自己的手中拯救出来。

爱不是多样性——它不是某个人用与你不同的优势来补充你的个性。

爱不是相似性——它不是某人分享你的兴趣、价值观或梦想。

爱是有人看到了你的丰富性，并希望你成为你所能成为的最好的你。这就是人际关系的目的——任何人际关系，无论是朋友、商业伙伴、兄弟姐妹还是爱人。它是为了让每个人都尽自己所能帮助另一个人尽可能有力地表达自己的独特性。爱的目标是让另一个人变得更棒。

你不需要另一个人去爱你的所爱，你只需要他为你能够爱你所爱而高兴，并想帮助你将你的所爱转化为贡献。这一切都始于他们看见你的那一刻，因为他们不可能爱他们看不见的东西。

对爱情关系中的爱的研究揭示了"带着爱去看"意味着什么。

首先，奇怪的是，这似乎并不意味着要冷静准确地去看待你的伴侣。在一系列纵向研究中，研究人员要求伴侣们对彼此的"移情""热情"和"果断"等品质进行评分。研究人员的观点是，最幸福的伴侣会是那些评分最接近的伴侣——比如说，如果一方对另一方的"果断"评分较高，并且对"热情"的评分较低，而另一方对自己的评分与此差不多，则他们会更幸福，因为他们在对方身上看到的与对方眼中的自己是一致的。

但结果与研究人员的设想完全不一样。数据显示，在最幸福的伴侣中，双方在每一项品质上都给予对方很高的评价。你可能会认为这仅仅是因为他们在那一天恰好处于恩爱状态。但随后研究人员对这些伴侣进行了一段时间的跟踪调查，结果发现在每一项品质上都给予对方较高评价的伴侣随着时间的推移依然更为幸福。

带着爱去看某人意味着戴着玫瑰色的眼镜去看。研究人员称这是你的善意扭曲。按照这个逻辑，你的伴侣不是"杂乱无章"，而是"淳朴自然"；不是"任性"，而是"自信"；不是"轻浮"，而是"迷人"。如果你通过善意扭曲的滤镜来看你的伴侣，那么你会更坚信将你的人生与你伴侣的人生联系在一起是正确的决定。这种信心孕育了亲密感，而这种亲密感则加强了你们之间的爱，从而导致更多的善意扭曲，因而又产生更多的信心、更深厚的亲密关系，从而形成一种不断上升的爱的螺旋。

带着爱去看的另一个层面不仅与每个人的伴侣性格有关，还与他们的动机有关。研究人员发现，在最好的关系中，每一位伴侣都会为对方的行为寻求最宽厚的解释。而一旦他们找到这样的解释，他们就会坚信不疑。

坚信最宽厚的解释对伴侣关系是有益的，因为它能培养对伴侣的信心，信心会孕育亲密感，亲密感又成为爱的动力。

这一发现再次证明了为什么我们需要谨慎对待他人的反馈。数据显示，最好的关系并不是一方像侦探一样挖掘另一方做某事的"真实"原因，然后用残酷的现实真相去质疑对方。相反，在最好的关系中，双方都觉得对方会相信自己的行为有着最好的理由。

这并不是说，带着爱去看就意味着给你的伴侣一张万能通行证，或者是一个万能借口，或者是一个万能托词——如果你的伴侣让你失望了，那么扼杀或删减你的真实感受对你们之间的关系没有好处。带着爱去看仅仅意味着，我们任何人做任何事情的原因都是复杂而不透明的——甚至对我们自己来说也是如此。只有当我们的伴侣承认这种复杂性，并且总是坚持寻找能揭示我们最好一面的解释时，我们才能在这段关系中茁壮成长。是的，这种宽厚不仅对我们有益，也对他们有益——在那一刻，他们对我们的信心会有一点点提升，而随着时间的推移，则会汇聚成很大的提升。

当米歇尔注意到我有从一开始就拒绝一个想法的倾向时，她本可以把这归因于我一心想确保只有我自己的想法可以占统治地位，或者是我不愿意放弃我一直相信的东西，或者甚至是我对于任何不是我亲自想到的东西都有着深深的不信任感。

天知道，如果我躺在心理治疗师的沙发上，或许我会发现，在内心深处，我确实受到了这些不讨人喜欢的因素驱动。我的意思是，虽说我当然希望我不是那种人，但是和所有人一样，我知道并不是我的所有动机中都没有掺杂自尊心和自恋的成分。

你是否曾经陷入过这样的爱情关系——你的伴侣觉得自己是个心理治疗师，认为自己的使命就是向你揭示真实的你，丝毫不加任何掩饰？这让人精疲力竭，不是吗？你每天都不得不时刻保持警惕，因为你知道你最亲近的人正在留意你最黑暗的动机，并且很快就会在某个时刻，以令人痛苦——但却并不完全准确——的方式向你讲述他观察到的这些动机。你发现自己永远处于防守状态，随时准备后退、远离聚光灯、远离伤害。所以你的确这么做了，后退，再后退，直到有一天你醒来，你已经后退了那么远，以至于你们在心理上已经产生了隔阂。

我发现自己正在纠结如何落笔，因为，说真的，我不想把我和米歇尔的关系作为一个典范——我们不是任何事物的典范，我们只是我们自己的典范，有着这种关系中所有的悲欢起落。但我确实知道，有个人看到我的怪癖后不会掘地三尺寻找该行为的"真正原因"，而是给它取一个傻乎乎的绰号来化解它的尖刺，与这样的人交往，我感到多么安全和振奋。随着怪癖的尖牙被拔除，现在我们俩不仅可以嘲笑它，而且还会想办法利用它让我变得更为成功。

这就导致了所有这些爱情研究的最后一个发现：当你看到伴侣身上的缺陷时，不要给它画一个圈，给它贴上"弱点"的标签，然后试着用伴侣的其他优点来平衡它。比如："是的，他拒绝接受新想法，但至少他既热情又有创造力。"或者："是的，她很自以为是，但至少她能完成工作。"

以这种方式"平衡"伴侣的弱点和所爱似乎是明智的，但数据显示，这样做没用——如果以这种方式对待彼此，伴侣间最终会产生更多的怀疑、更多的冲突和更少的裨益。在识别伴侣弱点的同时，你也在赋予它定义、重要性，从而给予它力量。不要让他们觉得当他们与你交谈时，你随时都可能拿出他们被明确定义的弱点，将其作为对付他们的武器。

数据表明，当你看到伴侣的某个缺陷时，你应该在脑海中把它重新塑造成对方所爱的事物的一个方面。因此，就米歇尔而言，我的"即时排斥综合征"在她的心目中并没有被定义为一个需要修复的弱点，而是我的一个特点——由于非常喜欢一个想法的核心概念，以至于不能接受另一个想法，直到我放弃了我目前正在努力琢磨的想法。她知道她不能让我摆脱"即时排斥综合征"，因为，如果她这样做了，就会毁掉所有那些令我醉心于深入探究核心概念的东西。以这种方式深入探究是我的本质，是我最红的红线，也是我在这个世界上所做的任何好事的根由。她知道这一点。我知道她知道这一点。她也知道我知道她知道。

这可真是一种解脱！真是令人振奋！我的所爱来自我的内心。是的，它们有时会导致徒劳的行为。对我而言，一段欣欣向荣的爱情关系意味着有人对我的所爱感到好奇，关注自己在我身上引发的东西，并且总是试着帮助我将它们编织成美好而宏大的东西——哪怕在某个特定的周日下午谈话中，它们本可能被编织成某种令人讨厌的东西。

所以，在你的人生旅途中，看看你的左右，问问你自己，你是否选择了与这样的伴侣同行：他们对你感到好奇、对你的所爱感到愉悦、希望你成为最成功的你。

你将成为什么样的人取决于他们是什么样的人，正如他们将成为什么样的人也取决于你是什么样的人。

16

爱的寻宝游戏

你的"爱＋工作"职业生涯

你觉得目前你的职业生涯情况如何？

你可能才刚刚开始，正处在一种极其令人愉快的、压倒一切的心态中，感觉整个世界都在你面前敞开了。或者，你可能已经进入职业生涯 20 年了，感觉状态很好。或者，你正处在一个死胡同里，或是完全选错了路。或者，你也许正停滞不前，等待着你的新副业发展成为真正能够支付账单的东西。

无论你正处在什么阶段，你的感觉如何？你是在勉为其难？还是超级兴奋？你是否感到有点无聊？有点害怕？还是说一切仅仅取决于当天的情况，以及你的心情，或是老板的心情？

事业是你生活的基石。有时你会觉得自己在它上面站得很高很直，但有时你又会感觉到它重重地压在你身上，令你弯腰屈膝，这可能很难以忍受。你希望在经济上实现独立，以便养活你自己、你的家人、偿还你的债务。但是你也不想出卖你的灵魂。无论你的银行账户里有多少钱，你都不想在走到生命尽头的时候，发现自己无法体验到自己对世界的贡献。你的工作是一种美好的方式——尽管远非唯一的方式——你可以借此表达自己内在的独特之处。一系列让你与自我隔绝的工作会造成心理混乱，而且，从我们所了解的关于身心联系的知识来看，也会造成生理紊乱。

不过，职业生涯并不好应对，不是吗？我们倾向于认为快乐、健康的人都是那些能在工作和生活之间保持平衡的人。然而，正如我在第 15 章中谈到的，"平衡"是一个伪神。健康的目标不是"平衡"，真的不是。在自然界，一切健康的事物都处在动态中，因此，健康的人生是让你能够动起来，并且能够从运动中汲取足够的力量以保持动态的人生。

健康的职业生涯也处在动态中。它是一项持续进行中的工作，始终处于一种不断发展的状态。当你认为你已经找到了一份完美的工作时，生活会向前发展，然后你发现你需要重新开始——一个新团队，一家新公司，一份新职业。那么，面对这台永动机，你该如何将"爱＋工作"的原则应用到你不断变化、不断重新开始的职业生涯中呢？

我职业生涯的大部分时间都在研究这个问题。这一切始于我关于创业的社会和心理问题的硕士论文，我们为此采访了 100 位成功的企业家，并将他们的选择与 100 位创业失败的企业家的选择进行了比较。然后，我们继续在德勤（Deloitte）和埃森哲（Accenture）展开研究项目，调查人们是如何在这些巨大的迷宫式组织中向上走、四处活动及穿行而过的。现在我们展开了目前的"爱＋工作"研究项目，寻求通过那些热爱工作的人的视角来理解工作的本质。我的关注点始终是：那些热爱工作、借工作来充分表达自我的人是如何成功达到那个甜蜜点的？——他们又是如何让那个甜蜜点始终不离他们而去的？

不可避免地，我审视了自己的职业生涯，看是否能从中吸取什么教训。大学毕业后，我为什么会突然从英国搬到美国内布拉斯加州林肯市？我本可以在伦敦找到一份离家近得多的工作。我为什么要戏剧性地跃迁到一个我不了解的地方，去一家给我的薪水只有其他公司一半的公司，做一份专业不对口的工作？

在内布拉斯加州逗留了十年后，我为什么会开始写书？我究竟是有多努力、多精于此道或者多幸运，才能带着人们真正想读的书走出我的写作小巢？这一切是如何发生的？我预先知道会有这样的结果吗？如果是的话，我有什么秘诀？

然后我离开了盖洛普，开创了自己的公司。我预先知道它会成功吗？为什么我会放弃已经从事了 17 年的工作，一切从头开始？我是否预先有一个剧本？还是说我是在摸着石头过河？

然后，出现了一个转折点。我的公司最初是一家内容和教练公司，但是在运营过程中，我决定我们要成为一家靠订阅盈利的软件公司。我很了解软件吗？不，我对之所知甚少。那么，为什么要改变方向？为什么我会如此确信这么做是正确的，哪怕要面对来自我自己团队内部的强烈抵制？我又怎么会知道该如何领导一个由 100 名工程师和产品开发人员组成的团队？我的天哪！真的得小心对待自己的愿望！

当 SurveyMonkey（调查猴子）公司提出购买我公司 25% 的股份时，我为什么会如此信任首席执行官戴夫·戈德伯格（Dave Goldberg），以至于同意了？两年后，当 ADP 打电话来提出直接收购我的公司时，为什么我先前拒绝了那么多人但这次却接受了？还有，为什么在出售公司之后，我会如此兴奋地通过 ADP 研究所继续我的工作？我本不需要留下来，但我愿意留下来，而且我会满怀激情地这样做，对此我没有产生一丝犹疑。

依照衡量此类事物的所有标准，我的职业生涯都算取得了成功。40 年前，当我第一次从机场跳上灰狗巴士前往内布拉斯加州林肯市时，我知道我在做什么吗？

这里面有许多问题我都无法直接回答，只能说这里面有运气的因素。吉姆·柯林斯（Jim Collins）在其著作《从优秀到卓越》（*Good to Great*）中表示，强调运气的重要性的领导者只不过是在揭示他们有多么谦逊。但这并不是谦逊，而是现实主义。我们这些在人生中的某些事情上得以顺遂心愿的幸运儿希望他们知道，在某个深刻的层面，幸运之神是站在我们这边的；如果情况有哪怕只是轻微的偏差，结果就可能完全不一样。若非天恩眷顾，我岂能得以幸免。或者，不妨引用鲁德亚德·吉卜林（Rudyard Kipling）的诗篇《如果》（*If*）："如果你直面成功与灾难，视此二者皆为虚妄骗徒……那么你就是天地间万物的主人。"

话虽如此，但是通过对成功职业生涯的研究，我们确实可以获得一些见解和实践方法。下面是一些最有效的做法。尽管你周围的人会出于好意提供建议，或施加压力，但是不妨考虑一下是否可以将以下做法中的一些应用于你自己的职业生涯。

只管出发

你怎么知道你的出发点是正确的？

你无法知道。你只管出发。一段职业生涯既不是梯子，也不是格栅，更不是攀爬架。一段职业生涯就是一次爱的寻宝游戏。

想象一下你刚从大学毕业，正站在一座森林的边缘。有许多通向森林内部的道路入口，你应该选择哪一个入口？是"留在学校直到你获得硕士学位"？还是"在灌木丛中打拼几年，看看你能看到什么"？还是"去上医学院/法学院/设计学院"？

坦率地说，这个问题没有正确的答案。所以，尽量不要太担心，只管出发，走进森林中。任何入口都可以。一旦你进入森林，就敞开你的头脑和心灵，寻找一条红线——你所爱的某样东西，某种活动，或是某个人，或是某个让你感觉到有吸引力的场景。

大学毕业后，我为什么会突然离开英国去内布拉斯加州？见鬼，我不知道。当年21岁的我只知道，那份工作和那个地方比我在伦敦市中心能得到的任何其他工作机会都更吸引我。

"我去别处获得经验怎么样？"我问我爸爸，"我不是应该去欧洲一些最大的公司做上一段时间吗？"

"关键不在于经验，"爸爸说，"而在于经验的质量。你认为去内布拉斯加州会获得什么独特而与众不同的东西吗？"

"是的。"我说。

所以我去了。这是正确的决定吗？待在离家更近的地方，我会不会取得更大的成功和满足感？有可能。但我永远也不会知道了，不是吗？我只知道从我登上一辆开往林肯市的巴士开始，我的人生旅程中发生了什么事。

对你来说也是如此。试着不要给自己太大的压力去寻找"正确的出发点"。因为并不存在正确的出发点。或者，更确切地说，你有许多正确的出发点。

对自己宽容大度些。不要刻意寻找完美开场的标志。不要等到所有的路都已开辟好、不再有茂密的灌木丛和倒下的树木再上路。只管出发吧。听从直觉的引导，试着找一份能让你瞥见一两条红线的工作，然后，当你沿着道路前进时，保持警觉，寻找更多的红线。

当你找到一条时，就抓住它并追随它的方向。

"什么"永远胜过"谁"和"为什么"

在我的所有研究中，非常明显的一点是，最成功的人都找到了这样的工作：①实现了他们的目的感——他们认为"为什么"要做这份工作很重要；②让他们能够与自己信任和钦佩的同事齐心协力——他们认同"谁"在做这份工作；③包含了他们喜爱的活动——他们很享受这份工作具体做"什么"。

能找到所有这三者的美好交汇点的人确实是幸福的。

但是要记住，在这三个元素中，"什么"是最重要的。在一项又一项的研究中，那些报告称自己每天都有机会做自己喜爱的事情的人，与那些报告称自己坚信公司使命的必要性或喜欢队友的人相比，成为高绩效员工并保持下去的可能性要高许多。这并不是说另外两个元素不重要；这只是说，你究竟通过做什么工作获得报酬更为重要。

如果你认为你正在销售的产品很好，但是你讨厌销售，那么你就不会成功。同样，如果你非常钦佩你的团队成员，但是发现自己在团队中承担了错误的工作，那么你就会很痛苦。

所以，在你接受任何工作之前，要训练自己去调查清楚你每周的工作究竟包括哪些活动。找一个真正在做这份工作的人，问他们各种问题——不要问他们是否爱这份工作，因为他们的所爱不一定与你的所爱一致。相反，问问他们在一般的工作日上午10点会在从事什么具体的活动，或者哪些活动占用的工作时间最多。正是这些活动会对情感产生影响——不是积极的就是消极的——如果你从事的工作分分秒秒都充满了让你心力交瘁的活动，那么再多的队友间情谊或是对任务的奉献投入都无法弥补什么。沿着这条路走下去，你会精疲力竭。

而且，正如红线调查问卷将为你揭示的那样，在涉及"什么"时，细节很重要。当我刚开始在盖洛普公司工作时，我向每一位接受我们的优势评估的人提供评测结果，并撰写一份报告，说明此人可以如何利用自己的优势来获得成长。

我很擅长此道——我的意思是写报告。但是这项活动本身让我感到冷冰冰的。我记得我打电话给公司首席运营官康妮·拉斯（Connie Rath），非常绝望地说："我似乎对单个特殊的人没有足够的兴趣。我有什么问题吗？"

她回答说："你没有什么问题。你试过做演示吗？也许你更适合在更大的群体中交流。"

我试了一下，确实如此。

我本以为我会喜爱一对一辅导，但后来我意识到事实并非如此。于是，寻宝游戏继续进行。我非常感谢康妮让我继续寻宝。

你每天都能找到红线

正如我在第一章中提到的，在 ADP 研究所在其全球研究中提出的所有问题中，有两个问题最能预测所有的积极结果——无论是绩效、第一年返校率、参与度还是适应力，它们是：

- 你每天都有机会发挥自己的优势吗？
- 上周你每天去上班时都很兴奋吗？

比起其他人来，那些回答"非常同意"的人有极大的可能让上司报告称"我总是指望这个人提交卓越的结果"，有极大的可能在岗位上坚持一年以上，有极大的可能在关于参与度和适应力的项目中给出积极的回答。

注意到每个问题中都有"每天"这个词吗？这个词很重要。如果你去掉它，那么这两个问题就失去了全部的预测能力——这意味着某人回答这些问题的方式与所有那些积极结果没有任何联系。这些问题不会问"每天从早到晚"，但它们会要求受访者承认并声称"每天"都是如此。

这对你而言意味着什么？这意味着，就你的生产效率和心理健康而言，频率很重要。任何一天，如果你找不到可以爱的东西，找不到能让你兴奋的东西，那么，随着时间的推移，你就越来越可能变得不那么投入、不那么高效。不，你永远不会找到一份完美的工作，一份你百分百热爱的工作。你永远不可能"只做你喜爱的事情"。但是你可以——在每一天——找到某个你喜爱的活动、情境、时刻或事件。它可能是最细不过的红线，但你是可以找到它的。

至少，如果你刻意寻找它，你是可以找到它的。所以，每天早上先花几分钟时间预测当天的红线会是什么，想一想哪些事件或活动会让今天的你感到振奋。它们不一定能带来巨大振奋感——我的研究所的数据中没有任何模式显示，每个季度会有一次因工作而超级兴奋的人比其他人更有效率、参与度更高。说到爱，极端的频率胜过极端的强度。所以，要训练自己在每天开始的时候花一点时间来挑选你在当天的所爱。

从这个意义上说，你在这里遇到的敌人不一定是你在工作中没有任何红线，而是注意力分散。你已经不再关注你喜爱哪些时刻，所以，就像所有被忽视的事物一样，那些时刻已经枯萎，失去了它们的力量。

对此的解药是你的关注力。要有意为之。关注你今天在工作中会发现的红线，你就会从中得到你需要的东西。每一天都是如此。

你永远比你想象的更有力量

2008 年，我的一位非常要好的朋友 B 开始感到腿部麻木。在经历了铺天盖地的检测之后，她得到了一个令人心碎的诊断：肌萎缩性侧索硬化症，又称葛雷克氏症[①]。它是由运动神经元的崩溃慢慢导致患者失去对肌肉的控制。正如她丈夫当时所说："这就像她被判处用慢动作车祸执行死刑一样。我和孩子们不得不看着她死去，我们所有人都对此无能为力。"

[①] 葛雷克氏症俗称渐冻人症。——译者注

如今，她患上这种通常会在三年内导致患者死亡的疾病已经有 12 年了，但却仍然活得好好的。是的，她再也不能动，不能吃，不能说话，甚至不能自己呼吸了，但她仍然活着。多亏了一台能感知她眼睛的聚焦点的奇妙机器，她可以像从前那样生动地和你我交流。每一个字母都必须单独选择，因此，对于像她这样聪明和善于言辞的人而言，交流的速度，或者由此导致的交流缺失，都会令人沮丧到难以置信的地步。但至少她还能和我们联系。

前几天，在谈到新冠疫情时，我问她是如何保持适应力和精神状态的。在过去的十年里，她一直在承受我们超过一年半以来所遭受的痛苦的极端版本——就地避难和保持社交距离。我想她也许能教我们一些东西。

马库斯，我只能告诉你，我选择专注于我所能控制的东西。现在我的生活中有太多我无法控制的东西，如果我专注于我所失去的一切，那么我就会在晚餐前自杀。相反，我专注于仍然在我控制范围内的东西。我仍然可以是孩子们的好妈妈。我仍然可以是我丈夫的配偶。我仍然可以作为朋友提供支持。

就在我写下这些话的同时，就在此刻，她刚刚给我发了条短信。这个星期我不得不让我的狗狗安乐死——可爱的玛西，我的金毛犬，得了肺炎，我不得不做出这个非常艰难的决定。B 在短信中说：T 告诉我，你别无选择，只能让玛西长眠。这对你来说是如此痛苦的一天，对于你必须经历这一切我感到很难过。我记得它一直是你生活的一部分，记得你有多爱它。我知道你一定很伤心，但是它生前一直很热爱你，所以请牢牢记住这一点。一如既往地爱你。

想象一下，打这一段文字她需要花多长时间！当她躺在床上、全身伤痛、动弹不得时，她并没有抱怨自己的困境，而是在想我这周会是怎样的心情，并主动联系我，来表达她的爱。她仍然在提供支持。她曾经是什么样的朋友，现在依然没变。

我谈到 B 是因为她无疑可以教会我们一些东西。你的目的感和适应力源自你的力量感。是的，在工作中有很多事情是你无法控制的。你无法控制公司对所有客户的表现，你无法决定你的老板是谁，你无法改变那份愚蠢的绩效评估表，或者是那张你需要获得的结业证书。如果你想列出所有你无法控制的东西，那么你将永远也写不完。

还是向我这位亲爱的朋友学习吧，忽略那份列表。相反，专注于你在工作中能控制的元素。有 73% 的员工表示，他们有机会调整自己的工作，以便更好地发挥自己的优势。所以，就从这里开始。一旦你识别出一条或两条红线，就要考虑如何利用它们来完成你的工作。

在需要灵感的时候，想一想你所认识的最成功的人。不仅仅是财务意义上的成功人士，而是一个似乎已经解决了工作中大部分——如果不是全部的话——问题的人。当你看着他们时，你会想：他们真幸运。他们是怎么找到这样的工作的？这工作似乎跟他们是绝配。他们是怎么找到这么合适的工作的？

当然，现实是，完美的工作并不是他们找到的，而是他们打造的。他们拿到一份泛泛的工作描述——正如所有工作描述一样——然后刻意地、逐步地塑造这份工作，使其越来越聚焦于他们喜爱的活动。几乎所有人都有这样的回旋余地。我们中最成功的人就利用这个回旋余地编织新的红线，一周又一周，坚持不懈，最终，这项工作就充满了他们所喜爱的东西。

永远也不会有人替你做这件事，因为永远也不会有人会像你自己那样了解你的红线。所以，无论你正在做什么工作，都要由你来负责将你所热爱的东西融入你借以支取薪水的工作中。你和73%的员工一样，有力量依照你自己的形象来创造工作。

一开始，你可以只关注你今天可以画出哪些红线。

然后，一周之后，也许你可以找到办法把一整天时间花在你最红的一条线上。

也许，正如那些迪士尼管家为客人们制作小小的毛绒动物场景一样，你可以发挥创意，看看如何能将红线以一种新的方法编织，用来完成你的工作。

也许，你可以报名参加一个能够帮助你实践并调整你的所爱的课程。

然后，随着时间的推移，你就能将你的所爱精练成为一种非常独特和强大的东西，以至于你的团队愿意专门围绕你设计一份工作。

当你这样做的时候，你很可能会发现你的团队和团队领导，他们先前对你的成功持无可无不可的态度，甚至就是阻碍你成功的因素，现在却开始围绕着你提供支持。当你爱上你正在做的事情时，其他人会对你产生不同的感觉——正如研究告诉我们的那样，陷入爱中的人对其他人更具吸引力。这几乎就像是人们可以从你体内升高的催产素或去甲肾上腺素中获益。

在你的职业生涯中——就像在整个社会中一样——变化始终是追随着你的关注点发生的，特别是当你关注你的所爱时。

永不炫耀

无论是在面试中、绩效评估中，还是只是在定期交谈中，你都不需要宣称自己有多了不起，或者比其他人好多少。我们中的大多数人都觉得很难在突出自己品质的同时不给别人留下自吹自擂的印象，因此会让自己非常纠结，一方面要努力表现得很谦逊，但同时又试图让对方确凿无疑地了解我们的超能力。

其实你无须纠结。你应该主张你的特异性而非优越性。不要说"我最擅长……"，甚至都不要说这句话的谦卑版本。

要使用这个句型："当……时，我会处于最佳状态。"然后详细描述哪些活动、情况、情境和时刻会让你呈现最佳状态。

"当……时，我会处于最佳状态"在工作面试中非常奏效。当你加入一个全新的团队时，你可能应该尝试这样一种措辞："在……方面你们永远都可以信赖我。"我要再次强调，这样说并不是在宣称自己有超级巨星的表现，而仅仅是在向大家详细说明你希望为团队做出什么贡献。你会给人留下善于分析而不是傲慢的印象，更有甚者，你还能展示出一种自我掌控力，这对任何团队而言都是求之不得的。

以下是一些可以用来细细描述你的命灵而不至于落入自夸陷阱的方法：

> 多年来，我发现我……
> 别人告诉我，我……
> ……总是让我感到很激动。
> 我发现当……时我学得最有效率。
> 我最美好的时光是在……时。

力求与众不同，而非十全十美

阻碍你找到自己喜爱的东西的一股最强大的势力就是，人们普遍认为，要把任何一份工作做好，你都需要拥有一系列预定义的属性和技能。你可以在冗长的工作描述中看到这一点，还有根据每种工作所需的技能列出的职业道路，以及旨在根据预定义列表对你进行衡量和评级的绩效评估表。你收到的信息是，要想在一份工作中表现卓越，你必须十全十美，能够展示所有预定义的属性或技能。如果你被发现缺少某些东西，那么你就会被鼓励去获取你缺少的东西。然后你就十全十美了。然后你就将脱颖而出。

所有这些都是因为有人试图对所谓的"劳动力规划"或"人才规划"进行周密安排。他们的努力是出于好意，但也确实是基于一种完全错误的信念，即如果他们能够对所有工作进行足够明确的定义，那么他们就将能够以可预测和有条理的方式选择、评估和培训相应的工作人员。

之所以说这种信念是错误的，是因为"优秀"是一种个体特质——也就是说，在同一种工作中表现卓越的两个人不会是以相同的方式实现卓越的。没有任何在专家审阅学刊上发表的研究成果能够证明，在同一种工作中表现出色的人——无论是海军海豹突击队队员、教师、急诊室护士还是财务顾问——都拥有相同的技能和属性列表。他们很可能拥有相似的证书或通过了相同的测试，但他们的相似度也就到此为止了。他们为什么而工作、如何工作、如何建立人际关系、如何获取信息、如何学习，以及什么时候、为什么及如何创新——在所有这些方面，他们都是各不相同的。

然而，除非你恰好在人力资源领域身居高位，否则你是无法改变所有这些流程的，这些流程的运作就是基于"在同一种工作中表现卓越的人都是以同样的方式实现卓越的"这一信念。那么，你能做些什么呢？

在表面上，你可以遵守游戏规则。你没有必要将消灭工作描述、职位分类和工作胜任力评估作为终生奋斗目标。因此，如果你想要一份特定的工作，明智的做法或许是努力表明你与预定义的技能组非常匹配。如果你正在准备参加一次包括胜任力评估在内的绩效评估，那么你不妨找出一些能够证明你具备了所有应该具备的属性的例子。幸运的是，这种事情每年只有一次。

但是，就你在现实世界中的成功和成就而言，你需要摒弃看似十全十美的假象，并学会区分。

首先，这意味着学会充分利用你的红线。你是一个独特的个体，会在非常明确的活动、结果和事例中找到爱。在第 7 章中，我分享了红线调查问卷，它可以帮助你准确锁定你的红线的细节，将其与生活中所有其他的编织线区分开来。这些红线是你能量、学习和相对优势的源泉。你永远都不可能十全十美。相反，你要始终不懈地把这些红线编织成某种与众不同的贡献。

第二，区分意味着能够坦然描述那些非红线。正如你刚刚了解到的，当你加入一个新团队时，你应该能够坦然描述你的红线，说："在……方面你们永远都可以信赖我。"或者："当……时，我会处于最佳状态。"

但是你也应该学会一种用来描述你的非红线的技巧。以下一些措辞可能会有帮助：

当……时，我的状态不是最好的。

我发现当……时，我就会拖拖拉拉。

我似乎在……方面感到困难。

当……时，我会感到精疲力竭。

这些都是简单的话语，但我猜你在工作中并不常使用它们。工作——由于它是建立在十全十美的神话基础上的——并不会鼓励你去描述你不爱的东西。尽管在内心深处，你知道你喜爱一些活动、厌恶另一些活动，尽管你知道一些活动会让你感到精疲力竭，而另一些活动则会令你振奋，而且这些活动之间的区别非常明确，但是你仍然会发现很少有什么场合会鼓励你分享关于你的这些超级重要的信息。

相反，你会发现自己正在做的是扭曲你的语言，以便让你最薄弱的线看上去很强大。这样一来，在求职面试中，在不可避免地要回答"你的弱点是什么"这一问题时，你会听到自己正在努力让一条灰线听起来像红线，比如："我的弱点是我太在乎"或"我的弱点是我定的标准太高"。

试着改掉这个习惯。如果你一辈子都假装自己所有的线都是红色的，那么你将无法看到并编织你的红线。当然，承认某些活动会让你精疲力竭或感到厌烦并不能免除你去从事这些活动的责任——正如本书第5章中妙佑医疗国际的研究所表明的那样，要在工作中表现卓越，你并不需要一床全红的被子。你不可能喜爱工作中的所有活动，尽管如此，你还是得全力以赴把它们做好。但是，通过将你的红线明确区分出来，随着时间的推移，你会成为一名更值得信任的队友。没有人会信任一个号称热爱自己所做的一切的人——这就好像，如果服务员在回答菜单上哪些菜看好吃时说"全都好吃！"，那么你是不会信任他的。

要学会诚实而鲜明地区分你的红线和所有其他颜色的线。

你最好把这个原则应用到你的队友身上。他们的红线和你的红线一样具体而鲜明。要想消除工作中的挫败感，就不要指望别人给予他们无法给予的东西。如果你已经多次向队友提出某个要求，他们却误解了，或者未能在截止日期之前交付，或者干脆把这件事情忘记了，那就是在暗示：这不是他们的红线。为了很好地进行协作，你需要对他们的各种线有所了解，反之亦然。你越是能够坦然分享你的红线和其他线，他们就越是能够坦然分享他们的红线和其他线。

这甚至适用于你的团队领导。我曾经为一个人工作，我试图给她留下深刻印象，办法就是向她展示我为接下来的行动想到了多少种选择方案。我彻夜未眠，制作了一份极其详细的 PPT 文件，演示了关于"如果……那么"可能性的多重流程图。天亮时，我所创造出来的东西能让美国航空航天局的登月计划都显得相当草率。

结果，她一点儿也没有被打动。相反，当我开始详细讲述 15 个选项中的一个时，她开始在座位上变换姿势，不断用简短的问题打断我。由于我以前从未见过她有这样的表现，所以我继续分析，直到她终于爆发了："马库斯，你认为我们应该做哪一个？我们需要继续往下做！在明天之前！"

她的红线并不是看到众多的联系和可能性，而是信任下属的意见，因此，她期望他们在会议之前就能够形成这些意见。并非所有的领导者都拥有她那样的红线——她的红线并不是领导者必备的红线。事实上，有些领导者喜欢做详细的应急计划并思考各种可能性。但她不是这样。她喜欢事实、结论和行动。

我花了好长一段时间才弄清楚是怎么回事——一开始，我以为我一直在让她失望。天哪，这太难了，不是吗？要把你的一条红线变成一件真正的、美丽的作品，然后用几乎是黑白分明的方式展示给你的团队领导看。假如你发现自己处于类似的境况，那么我们的解决方案应该也适用于你：分享你的所爱，并要求对方也这样做。你可以不使用"爱"这个词，而是说："当……时，我会处于最佳状态。"或者，在当前的例子中，说："当……时，我能够最快地理解信息。"这样做的目标是通过对话描述你的一条红线并了解有关他人的一两个细节。

你既不是在吹牛，也不是在找借口。你只是想看到他人并被他人看到，这样你俩就能更好地合作——说到底，这就是工作中的爱的本质。

将你的职业生涯塑造成沙漏

首先，你会找一份工作——也许是你能找到的任何工作——然后，你会继续前进，始终注意寻找那些看起来充满积极能量的活动。你会发现一条红线，将其编织进你当前的工作中，然后再找到一条，将它也编织进去。然后，你也许会左转进入一条新的道路，它与你原来的道路相连，但是却向森林的另一个区域倾斜。然后你会再一次转弯，遇到另一个岔路口，走上另一条道路。

你早期的职业生涯可能感觉跟这个很像。大量的来回编织，将新的线编织进你对自己是谁以及自己喜爱做什么的理解之中。这就是沙漏的宽广基础。

如果你发现，在职业生涯的最初几年里，你一直在不断地寻找，那就尽量不要对自己太苛刻。如果职业生涯是一场爱的寻宝游戏，那么就睁大眼睛寻找各种可能的爱，这是启动寻宝游戏的明智方式。

沙漏的中部

但是，研究表明，几年之后，大多数成功人士都会选择一条道路，并在这条道路上坚持十年或更长时间。在这段时间里，他们可能会更换团队或公司，或者完全离开大企业界，但他们会始终专注于相同的专业领域。

在深度掌握方面最有影响力的研究是由佛罗里达州立大学 K. 安德斯·埃里克森（K. Anders Ericsson）和他的团队展开的。他的数据被"一万小时"的概念所普及——即如果你花一万小时，大约相当于十年时间，投身于同一件事情，那么你就可以在这件事情上出类拔萃。

事实上，埃里克森的研究并没有得出这个结论。他所发现的并不是经过十年的专注努力，任何人都能在任何事情上出类拔萃，而是任何最终在某件事情上出类拔萃的人都曾经在这件事情上花了大量时间。这是完全不同的结论。你的所爱，虽然都是具体而又独特的，却都需要花时间来将它们转化为有意义的贡献。

是的，你可能会在一些活动中体验到快速学习——毕竟，这是爱的迹象之一——但是，在任何事情上，真正的专业知识的获得，无论是销售、家政、工程学还是护理、教学、营销，都需要许多年的努力。在此期间，你要进行尝试，试验新方法，然后等待结果——结果可能明天出来，可能一年后出来，也可能滴滴哒哒、滴滴哒哒，在之前的一个小成果上建立另一个小成果，还可能以一次巨大爆发的形式出现。但它们确实会随着时间的推移而出现，所以你得花时间学习，逐步提升你的精通程度。

这其实才是埃里克森的工作重点。如果你阅读真正的研究论文，你会发现它们是经过深思熟虑的、在方法论上是合理的。然而，医学之祖希波克拉底（Hippocrates）在两千多年前就说过几乎相同的话："人生苦短，行业无涯。"如今，人类的寿命延长了很多，但是他的观点仍然是明智的：任何值得从事的行业都比一个人的一生更大、更深、更丰富。

因此，在你职业生涯的某个时刻，你有必要尊重自己所选择的道路——即你所选择的行业——给予它长期的、心无旁骛的专注。注意力分散是卓越的敌人。

当你这样做的时候，你不仅能提高精通程度，还能获得信誉。如今，每个人似乎都是某种"思想领袖"。制作内容并将其发布在社交媒体平台上的门槛已经降至如此之低，以至于任何一个有手机的人都可以发表自己想发表的任何意见，而我们似乎都会去倾听——只要他们有成千上万个关注者。

这种由关注者驱动的观点表达在社交媒体世界中可能是有价值的，但在职场上不太可能对你有什么帮助。在职场上，如果你能表明自己十分专注于自己的领域、从而了解该领域的所有细节及哪些细节是真正重要的，那么你将具有最大的价值。无论你在哪个领域，团队始终会重视这种专业知识。这种知识有分量，很罕见，哪怕团队中的其他人自己并不了解细节，他们也会认可它。它令人敬畏有加，这并不是坏事。而且它会让你深受信任。

与你可能听到或读到的相反，以这种方式保持专注并不会让你变得狭隘，或是降低对新事物或创新的开放度。事实恰恰相反。只有当你熟知现有的做事方式了——哪些有效、哪些无效，以及什么时候和为什么——你才能想象出更有效的方式可能是什么样的。这样的专注不仅有助于你预测未来——由于你比任何人都更加深入森林、走得更远，因此可以看到更多即将发生的事情——同时也有助于你创造未来。这种专注准备了多年来的行动、经验和结果供你的头脑使用，正如所有创新者所知，创造力只会来自准备就绪的头脑。

路易斯·巴斯德（Louis Pasteur）的原话是："在观察领域"——这实际上包含了我们的所有领域——"机会只青睐有准备的头脑"。换句话说，你必须详细了解你的领域，然后才能注意到某个特定细节的行为是某种很酷的新事物的标志。在巴斯德的案例中，是给鸡注射了一批意外变质的鸡霍乱病菌，结果发现这批特定的鸡对这种疾病永久免疫了。一件令人沮丧的事情让他在疾病细菌学说方面有所领悟，这反过来又导致他发现可以利用疫苗接种来预防疾病。

对你来说，这可能表现为领悟到一种减轻患者术后疼痛的更有效的方法，或者是发现一个稍微好些的方法来向某个有特定学习差异的学生解释微积分，或者是在如何构造某种运动面料以将水分从皮肤上传输出去方面取得了突破，或者是如何利用措辞使电子营销邮件的点击率翻番。但是，无论你是干哪一行的，一旦你已经搜寻了若干年，并且已经把一些红线编织在了一起，那就要坚持下去，不懈地将它们编织成一条不断变粗的绳子，然后你就会看到你的精通程度、创造力和价值随着时间呈指数级增长。

沙漏的顶部

然后，也许——之所以说"也许"，是因为许多人选择在整个职业生涯中一直待在自己精通的道路上——你可以拓展出去，在许多其他道路上领导许多其他人。这就是沙漏顶部的加宽部分。

在这里，你本人的精通程度是你对他人的领导能力的基础。

这是因为人们只有在看到领导者具有将对未来的焦虑转化为信心的品质时，才会追随他。对他人而言，你对行业的精通可以催生信心。这向他们展示了你的一些明确而具体的东西，它很鲜明，毫不含糊。它向他们表明，你既对自己很了解——因此无论大家遇到什么样的情况，你都知道自己该做什么；同时又是你所选择的行业的专家——所以你更有可能预见即将到来的事物，为他们的未来做好准备。这两者都能激发信心。

在我们的《关于工作的九个谎言》一书中，我和艾什利·古铎将这种领导者品质称为"尖峰"，比如说："最好的领导者都是醒目的尖峰。"——这意味着他们致力于让自己非常精通对其追随者而言至关重要的事情。这种精通，这种目标明确的爱与工作的结合，是他们领导力的源泉。你可以凭借本能知道这一点——想象任何一位领导者，任何一个你愿意追随的人，他在你的脑海中都是鲜活的。他的特点，他深厚的专业知识，他的决策方式，所有这些都是极其明确的。这样的领导者可能并不完美，而你既不希望也不期望他们完美。但他们很明确——而这就是人们追随他们的原因。沃伦·巴菲特（Warren Buffett）不是理查德·布兰森（Richard Branson），不是玛格丽特·撒切尔（Margaret Thatcher），不是小马丁·路德·金（Martin Luther King Jr.），不是德斯蒙德·图图，不是杰辛达·阿德恩（Jacinda Ardern），也不是弗拉基米尔·普京（Vladimir Putin）——他们都不完美，他们特质迥异，但他们都是超级醒目的尖峰。

如果你不相信自己在这方面的直觉，那么思科（Cisco）开展的一些研究会为你证实这一点。在一项设计非常巧妙的实验中，思科研究人员调查了数千名员工对他们的工作和公司的看法，然后，他们又在另一个不同的时间里要求这些员工提供描述其团队领导者的字词或短语。有些领导者得到了五花八门的描述，几乎就像是团队成员无法确定他们的领导者究竟是谁。而另一些领导者获得的描述都集中在相同的几个属性上。这些领导者在他们的团队成员眼中更加明确，他们是醒目的尖峰。

然后，研究人员使用一些非常奇妙的数学和自然语言处理算法发现，在他们向团队成员提出的所有调查问题中，使尖峰领导者团队获得最高评分的是："我对公司的未来充满信心。"

你所要汲取的经验是，如果你想茁壮成长为位于沙漏顶端的领导者，那么你在沙漏中部花掉的所有时间都是至关重要的。要通过多年的关注来尊重你的行业，这样你不仅会在专业上变得更好，而且你的特质会变得更加明确，从而更加能够在你的追随者心中催生信心。

当然，通过给予你的行业多年的专注，你也可以为他们树立榜样，让他们看到，你对于他们寻求精于此道的努力具有同理心，你非常重视精通程度，你会有耐心，你会给他们所需的时间去认真对待他们的所爱，就像你过去所做的一样，你对浅薄的涉猎者不屑一顾，不会被庞大的社媒关注者数量欺骗，而且，最重要的是，你深知行业无尽头的道理。

这些是我们所有人都希望从我们的领导者那里看到的。

爱 @ 工作

如何成为一名"爱 + 工作"型领导者

2017 年深秋，在印度尼西亚苏拉威西岛，当地人类学家帕克·汉鲁拉（Pak Hamrullah）发现了科学家认为的迄今为止最早的人类艺术。保守地说，它可以追溯到 44 000 年前，不过，它很有可能比这还要古老得多。帕克在穿越一个石灰岩洞穴时，看到头顶上方有一个小开口。他攀上一棵无花果树，爬了进去。在洞壁上，借助手机的灯光，他看到了一幅画。这幅画长五米，用红色颜料绘制，表现了一小群人手持长矛或绳索，附近还有一些该地区的原生动物——一只鹿、一头倭水牛、一只野猪。这是一个狩猎场景。一小群人类正试图捕获或杀死这些动物。

帕克能够发现如此古老的狩猎壁画，已经够稀罕了，但更有趣的是壁画刻画人类形象的方式。虽然那些图形显然是人类，但是每个人都有一个动物的头或尾巴，或者两者兼而有之。人类学家将这些半人半兽的形象称为"兽人"（therianthrope），并将他们出现在狩猎场景中作为 44 000 年前我们人类已经在创造神话人物的证据。这一幕或许揭示了宗教信仰的开端。

或许确实如此。但是在阅读有关苏拉威西洞穴绘画的资料时，我被一种不同的解读打动了。这些人形形象中的每一个都被赋予了不同的动物特征，这一定是有原因的。可能每一个形象都不是神话人物，而是一个真实的人，一个作画者真正认识的人。她（人类学家认为大多数史前洞穴艺术都是由女性创作的）赋予了每个人物独特的动物特征，而这些特征最能描述他们独特的人类特征。鳄鱼的尾巴表示聪明，鸟的翅膀和喙代表速度，狮子的头则喻示着勇气。

也就是说，我们发现的最早的人类绘画表现的是一个团队，在这个团队中，每个成员都有着相同的目标，但也自带独特的品质用来支持团队的其他成员。

我不知道你是怎么想的，但我觉得这一解读非常令人欣慰。从最早的史前时代起，我们就意识到我们彼此之间是多么不同，同时又是多么相互依赖，而且，我们在一起所取得的成就会远远大于独自一人时。我们人类是——并且自古以来就是——团队生物。工作就是团队合作。

早在 2019 年，在我和我的 ADP 研究所团队分析我们关于工作者的全球研究数据时，我们发现"工作就是团队合作"这个理念在今天依然极为普遍和强大。对于报告称感觉自己是团队一员的工作者而言，其充分参与的可能性是其他群体的 2.7 倍，具有高度适应力的可能性是其他群体的三倍，报告称有很强组织归属感的可能性则增加了一倍。

强调团队对所有人类实践工作的重要性听上去是件显而易见

的事，但仔细考察之后你会发现，在你接受关于团队的教导时，重点总是，作为个人的你不如团队重要："在团队中没有'我'这个概念。"在引入团队合作这一旨在激励人们的概念时，你会得到提醒：你本人没有整体重要。

正如帕克发现的壁画所揭示的那样，这种团队观是完全错误的。我们发明团队并不是为了提醒个体他们没有群体重要。我们创建团队正是因为这是最大限度地发挥每个个体独特品质的最佳机制。我们围坐在篝火旁，思考着如何解决我们的难题——建造庇护所，找到来来去去的道路，放倒比我们每个人都大得多的动物——透过烟雾，我们凝视着我们天赋异禀的兄弟姐妹们。我们看到这个人拥有组织的天赋，那个人拥有与动物息息相通的本能，这个人拥有蛮力，那个人拥有智谋，于是我们对自己说：如果我们让这些不同的人团结起来，把几根手指攥成一个拳头，会怎么样？

于是，我们围着篝火与我们的兄弟姐妹们交谈，告诉他们我们需要去哪座山狩猎，然后描述了大家聚在一起，每个人应该如何发挥自己的作用。

"在团队中没有'我'这个概念。"——这句话没有切中要害。团队的全部意义就在于充分利用每一个"我"。团队的本质是把所有的"我"协调起来。团队是你颂扬和贡献你独特所爱的完美所在。

各种组织之所以会创造出让个体难以充分投入的工作场所，正是因为它们并不了解团队的力量。我们的数据显示，如果你不是团队的一员，那么你对工作的投入感、适应力和精神联系感只有不到10%。这在一定程度上解释了为什么我们了解到医护人员和教育工作者是投入感最低、适应力最差的两大职业：因为医院和学校都不是围绕团队组织起来的。

要想在工作中贡献出你最好的一面，你就必须面对这个没有团队的工作世界。你如何才能做到这一点？你如何才能找到一个团队——在那里，你的同事和领导对于你是谁以及你能给团队带来什么非常感兴趣？

正如我在本书开头所描述的，许多组织将各种流程和工具强加给你，而这些流程和工具的目的似乎就是故意要让你与真实的自己拉开距离。你独特的所爱和你的总体独特性与组织对于一致性的需求——包括产品、服务甚至价值观——背道而驰，因此，你所体验到的工作目标就是一种持续的努力，让你尽可能和其他销售人员、管家、教师、经理、护士、机械师或是其他任何你可能扮演的角色变得一模一样。

尽管这种做法是错误的，但是你不可能单枪匹马重建你所在组织的人才管理惯例。是的，像我这样的人正在努力影响你的领导者，让他们放弃追求一致性，转而采取更为个体化的人才管理方式，但这需要花费很多年时间。那么在此期间你能做些什么？——你必须在工作中找到爱，你必须在工作中让人们看到完整、真实的你和你最好的一面。可是，有这么多的工具、技术和流程正在努力地——而且还是故意地——压制你，你如何才能做到这些？

事实上，你的一些同事可能也在尝试做同样的事情。工作是一个生态系统，是的，它包括你——但它也包括你的队友、你的团队领导、你的高级领导和你的人力资源部。在这个生态系统中，爱的位置在哪里？你如何才能用爱来领导一支高产出、高绩效的团队？

首先，试着让你的思维保持正确，然后，无论你是团队成员、团队领导者还是高级领导，你都可以遵循源自该思维的行动原则。为了帮助你，我这里要分析五组流言和真相，这可以引导你成为"爱＋工作"型领导者。

流言： 团队领导者应该在年初设定目标。

真相： 团队领导者应该每周与每个团队成员快速沟通 15 分钟。

工作目标很棘手。它们是职场中最常见的特征之一，但也是最不讨喜的特征之一。它们不一定得是无爱的。在职场之外，目标是一种将你内心感受到的爱付诸实践的方式。我给自己设定了和唐纳德·克利夫顿一起进入那个房间的目标，这是因为我觉得我喜欢他在那个房间里做的事情。这个目标作为一种爱始于我的内心深处，然后我将它外化为一个目标。在你的生活中，目标也是这样发挥作用的。目标不一定是可衡量的、具体的或是有时间限制的，它们只是必须来自你的内心。从你的所爱中产生的任何目标都是一种好的、有用的事物。

不幸的是，在职场中，人们并不认为这是目标发挥作用的方式。相反，它们通常是自上而下部署的，你的高级领导为整个组织定义目标，然后将它们逐级传递到下面的每个级别，直到你被分配到你的目标。对于组织本身而言，在这么高的级别设定目标并不是件坏事——每个部门负责人都需要为来年制定预算，而收入和盈利目标是一种预测未来的好方法，这样每个部门都可以做出明智的投资决策。

但是，当目标落到你头上时，问题就来了。这些目标不是你设定的。它们不是从你所爱的东西中产生的。事实上，它们对你的所爱一无所知，也与之毫不相干。正如我们在《关于工作的九个谎言》中所描述的那样，它们是"非目标"的。

不过，你不一定需要选择与之公开斗争。尽管对你的所爱视而不见，但这种企业目标很可能会持续一段时间——至少，在我们都能用更雄辩的数据说话并且发现用目标来评价某人的表现或确定某人的薪酬是对数据的严重滥用之前，情况不会改变。我的目标难度与你的不匹配，此外，即使它们是匹配的，你我各自的团队领导者在评估我们实现这些目标的进展方面采取的方式也不相同。基本上，所有的目标实现数据都是系统性的无效数据，不应该被用来评估任何人。

但是，正如我所说的，要将这一认识推广到足以让你每年不会接收到从天花板上空投下来的目标，还需要很多年时间。在你静候佳音期间，这里有一个新的程式，你可以和你的团队领导者一起去做，或者，如果你已经是团队领导者的话，也可以作为团队领导者这么做。它被称为"快速沟通"（check-in），令人高兴的是，它可以与自上而下型的公司目标共存，而且是免费的。

"快速沟通"是指你每周与团队领导者就你即将到来的一周进行 15 分钟谈话。这个对话是建立在你对四个简短问题的回答基础之上的，其中有两个是关于上周的、两个是关于本周的：

> 上周的活动有哪些是我所喜欢的？
> 上周的活动有哪些是我所讨厌的？
> 我这周的优先事项是哪些？
> 我的领导者，我需要你提供什么帮助？

这种快速沟通看似很简单，但是却包含了人们希望如何将所爱转化为工作贡献的所有细节。每周，当你的记忆还很新鲜的时候，你得以思考并分享一些红线，也许还有一些其他色调的线。你不必使用模糊的理论术语来进行交谈，比如："我乐于助人。"相反，你可以直接谈论具体的细节，比如："我喜欢和马尔科姆一起纠正会计错误，为预算会议做准备。"

快速沟通类似于每周做一次简短的红线调查问卷，然后立即与你的团队领导者分享调查结果。

然后，这种分享当然不会被束之高阁，或是被塞进某份报告中。它会被立即应用于你下周的工作中，并体现在上司给予你的必需的帮助中。在某种程度上，快速沟通的有用之处在于，当现实世界中所有不可避免的变化都降临到你和你的上司身上时，你们俩将保持联系和一致。你年初在绩效管理软件中输入的僵化的目标，到今年的第三周就已经变得无关紧要，现在被每周的定期快速沟通取代了，以确保你和你的工作安排得当。

在另一个层面上，快速沟通的一大好处还在于，它能让你始终关注你的所爱以及你是如何一周接一周地运用它们的。职业倦怠，就像破产或入睡一样，是逐渐发展的，然后突然发生。快速沟通可以起到泄压阀的作用。是的，你很可能会一连几个星期几乎找不到任何红线。是的，在那无爱的几个星期里，你和你的团队领导者可能不得不同意你需要努力坚持。但至少你现在知道，你很快就会开始感受到一些红线的拉力，也许不是下周，而是下下周。最重要的是，你知道你的团队领导者了解你的处境。知道他们很清楚你对你自己、你的所爱和你的工作有多了解，这非常令人欣慰，因此也是一种强大的力量。

如果你打算说服你的团队领导者与你建立快速沟通惯例，以下一些数据会有帮助：

- 那些每周进行快速沟通的团队领导者使团队成员的参与度得分上升了 77%，而其团队成员在其后六个月的自愿人事变更率下降了 67%。
- 快速沟通无论是采取面对面的形式，还是通过电话、电子邮件或是某个应用程序进行都无关紧要。重要的是它会发生。
- 统计显示，最终与团队成员基于上文中四个问题 / 答案进行切实互动的领导者能够提高团队成员的绩效和参与度。在这里，互动方式是采取语音形式还是文本形式同样无关紧要。
- 质量评级似乎并不重要，即使你和你的团队领导者在一次快速沟通期间没有发生灵光乍现的情况，也不要担心。反正下周你们还可以再做快速沟通，届时你们俩可能都会产生某种灵感。快速沟通的重要之处在于它会频繁发生，它不一定需要做得惊天动地。说到领导艺术，频率胜过质量。

如果你本人就是一名团队领导者，那么将快速沟通作为你的核心程序之一会对你很有帮助，通用电气公司把这称为"标准领导者行为"。不要把它看作你在领导团队之外所做的额外工作。快速沟通就是领导。它的作用是将一个人的所爱与其在整整一年内每周都要完成的工作任务联系起来。这正是领导者要做的事。如果一想到要与每个人进行快速沟通你就感到厌烦——如果这是你的一条灰线——那么在你担任领导者之前，你绝对应该三思而后行。对于领导者来说，快速沟通就像刷牙一样是例行公事。这是你的工作，永远都是，没有商量的余地。

　　需要明确的是，这并不意味着你是在检查你的下属——检查里面没有爱，而你要做的是最有爱的事情——此刻，你看到的是作为个体的人，你看到真正的他们，看到他们在做什么。你在关注他们。你与下属进行的快速沟通越多，你的团队就越充满爱，于是你就会得到越多的生产力、创造力、适应力和协作能力。

　　如果你认为你很想和你的每一位团队成员快速沟通，但是你做不到，因为你的下属太多了，那么，这只能说明你下属太多了。对你这位团队领导者来说，完美的控制范围实际上并不是一种控制函数，而是一个你每周能关注多少人的函数。控制范围应该被重新命名为关注范围。

　　如果你不能以某种训练有素的方式每周关注每个人一次——这种方式始于他们本人及他们的回答——那么你就会把爱驱逐出你的工作场所，并带来这种做法的所有负面影响。如果你开了一家医院，那里护士长和护士的比例是 1∶40，那么可怜的护士长们将无法与每一位护士快速沟通，护士们就会觉得遭到忽视、无人理会，然后，正如我们所看到的那样，她们会产生职业倦怠。同样的道理也适用于学校、配送中心、呼叫中心或制造车间。在任何用报告制度阻碍每周快速沟通的地方，我们预计会看到工作事故、工人补偿索赔、工作日损失和 90 天人事变更率大大增加的情况，产品和服务质量及客户满意度也会降低。事实也确实符合我们的预计。

　　从比较乐观的角度看，如果我们想减少所有那些员工负面结果，增加员工积极结果，那么快速沟通就是最简单、最强大的处方。让它成为你的标准领导行为，你就能够把爱带回工作场所。

流言： 成长来自分析和消灭盲点。

真相： 成长来自对爱的学习。

如果我用心灵创作，则几乎一切都会奏效；如果我用头脑创作，则几乎一切都不奏效。

——马克·夏加尔（Marc Chagall）

你的所爱并不值得骄傲。你的所爱在本质上并没有好与坏、高尚与卑鄙之分。它们仅仅是一种能量来源。什么是好的、什么是高尚的，只有当你认真对待它们并利用它们为他人的福祉创造结果时才有意义。然而，这并不是自然而然就会发生的，不是吗？这通常需要他人的帮助，某个可以帮助你客观看待自己并向你展示爱的小火花的人。你知道那些小火花感觉上是什么样的，他人却可以向你展示它们看上去是什么样的，以及它们会对他人造成什么影响。

所以，在一些快速沟通中，你应该把对话推向你本周喜爱的、感觉真正有效的事物。你这样做并不是为了获得对方的赞扬。正如著名画家马克·夏加尔所承认的那样，你这样做是为了创造出更多更好的东西，是为了让自己能够创新。

如果你是一位团队领导者，就要努力让大家知道你对你的手下喜爱什么感到很好奇。你可以从表达认可开始，说："嗨！上周的项目做得很好！"但你不能止步于此，你得继续提出问题：

你觉得它有趣吗？

你最喜欢它的哪个方面？

你学到了什么新东西吗？有没有领悟到什么？

我们很快会有另一个类似的项目要做，这一次你有什么想调整或改变的吗？

当然，你的目的并不是让自己回答这些问题。尽管你可能比你的团队成员更有经验，但你并不会拥有跟他们一模一样的红线，所以你所要做的就是把他们推回到他们喜爱的活动中。这样你就不像一个用你预设的答案来压制学生的老师了，而是像一种好奇的催化剂，用你的关注让对方给出答案和见解。坦率地说，这些答案和见解是你自己永远都无法想到的。

如果我是第 12 章中艾什利的团队领导者，我绝对想不到应该让他想象有声读物阅读类似于钢琴视奏。然而，他的发现对他而言绝对是完美的，并且给他带来了出色的表现。正如夏加尔所说，当我试图将数据从我的大脑中转储到艾什利的大脑中时，一切都不奏效；而当艾什利追随自己的心流时，一切都奏效了。

流言：太爱自己的下属会出问题的。
真相：爱总是越多越好。

呼吁充满爱的工作场所是过于软弱的表现吗？这会不会造成领导者无法正面应对员工的糟糕绩效？在某些情况下，当组织有必要解雇他们所"爱"的员工时，再谈论爱是否合适？"我也是"（MeToo）运动为揭示职场中的剥削现象打开了一扇窗，并最终让阳光照进来，在此之后，在工作中谈论爱会不会不合适，乃至于是危险的？

爱一个人就是看到他，看到他的全部，看到他最好的地方，接受你所看到的，然后尽你所能帮助他成为最棒的他。你的爱是充满期待的，它希望对方认真对待自己所感受到的独特的爱，然后把它们转化为贡献。你的爱是富有洞察力的、善良的、亲密的、个性化的、鼓舞人心的。它可以提升对方，让他获得自己做梦也想不到的神奇绩效和创造力。

但是不，它并不软弱。相反，它是软弱的对立面。你对他人的爱绝不会忍受他们没有充分活出应有的样子。你的爱会挑战他们，劝诱他们，但永远都不会对他们置之不理。如果在某个时刻，你看到他们正朝着会伤害他们或削弱他们的方向前进，你就会把他们推离险境，哪怕他们自己还没意识到你是出于爱才这么做的。如果你爱一个人，你会为他们做对他们而言正确的事情，而不一定是他们想要的事情。你的要求会很高，而你的期望值则是最高的。

这是一种严厉的爱。有时候，职场中需要你采取这种爱的方式。当你采取这种爱的方式时，你最好把爱作为你的出发点，怀揣着帮助他人的愿望，因为严厉的爱如果缺失了"爱"的元素，那么它要么是冷漠无情的，要么就是粗暴残酷的。没有哪个工作场所需要这种东西。

那么职场上的浪漫爱情呢？这种情况经常发生，不是吗？根据不同的研究调查结果，有 22%~27% 的人是通过工作认识其伴侣的，有超过一半的人会考虑与在工作中认识的人约会。当米歇尔·罗宾逊（Michelle Robinson）接到她新招聘的大学实习生的约会邀请时，她抗拒了几个星期——这太俗气了！她想。然而，这事儿并没有俗气到让她坚持到底的地步，她最终爱上了他。现在她和巴拉克·奥巴马即将庆祝结婚三十周年。比尔·盖茨是在梅琳达·弗兰奇（Melinda French）担任微软经理期间认识她的。雪莉·桑德伯格（Sheryl Sandberg）认识她当前的未婚夫是在脸书（Facebook）聘请其公司从事全球品牌运营工作的时候。英国前首相鲍里斯·约翰逊（Boris Johnson）是在工作中认识他的妻子的。伊娃·门德斯（Eva Mendes）是在工作时遇到她的伴侣的，瑞安·雷诺兹（Ryan Reynolds）、娜塔莉·波特曼（Natalie Portman）都是如此。米歇尔·罗曼斯也一样。

工作为每个人提供了看到对方完整织物的机会，那是用所有那些美丽的线编织而成的。这并不奇怪。这实际上是一件可爱的、人性化的事情，我怀疑无论我们多么努力，都无法阻止其发生。

但这并不意味着我们不能审慎考虑如何在工作场所处理浪漫关系。不允许在上下级关系中存在爱情伴侣似乎很明智。一些组织要求双方签署"关系协议"，以减少万一双方关系破裂可能带来的麻烦。这样做也有它的好处，就像婚前协议有好处一样——我不太喜欢这种做法，但我可以理解一些组织为降低风险而提出这样的要求。同样，我也理解为什么对一些组织来说，禁止拥抱的政策可能是明智的。

无论你的组织采用什么政策，请记住，爱的要义是看到和被看到，以及希望对方更加成功。当然，它的核心是深深的尊重。当米歇尔在她的前一家公司工作时，有一次，她走进培训室的用品储藏室为下一节课准备材料，但是她转过身时却发现她的老板向她做出了不雅的举动，这与尊重是背道而驰的。她与老板已经建立了两年的职业关系，在遭到拒绝之后，老板将她排除在接下来的所有决策之外，并在工作中回避她，这与尊重也是背道而驰的。成千上万的女性、男性、跨性别和非常规性别团队成员都经历过类似的——以及严重得多的——虐待，他们也遭遇了不尊重、被剥削、被压制、被无视。

无论你想使用什么词，无论他们经历的具体细节如何，总之，这不是爱，而是爱的对立面。职场中更多的爱意味着更多的尊重，意味着更多的团队成员看到完整的他人，意味着更多的相互提升，无论各自长什么样、想法如何或者是爱谁。

爱不像氧气。爱永远是多多益善的。

流言：你的组织文化来自高层。
真相：你的组织文化来自团队。

如果你想了解你的工作场所的爱的情况，那么不要去看你的组织在网上的自我标榜，不要去阅读它关于自己文化的介绍资料，不要在面试中询问工作与生活的平衡问题。好吧，你可以去做这些，但是别指望能通过这些做法真正了解你的组织是否会认真对待你的个人所爱。

这是因为，无论你从高级管理人员那里听到了什么，你所在组织的文化并不是来自高层。来自高层的是该组织的人才品牌。他们使用"文化"这个词，但实际上他们只是想尽可能吸引最优秀的人才。这并不是一件坏事。在劳动力市场紧张的情况下，组织就自己如何善待人才发表一些特别的、与众不同的——以及真实的——声明是一种聪明的做法。

然而，在组织中工作的实际情况始终且只被你的团队成员和团队领导者所影响。这方面的数据非常明确。如果你试图找到任何数据来表明某个特定的公司为员工创造了一种在公司内部统一，且与外界其他公司都不同的工作体验文化，那么你将很难找到这样的例子。相反，正如我们在《关于工作的九个谎言》中所描述的那样，数据显示，关于在任何组织中工作的体验，该组织内部所有不同团队之间的测量值都是天差地别的。

因此，要想知道你的组织是否真的对你的所爱的独特性深感兴趣，就要在面试时要求与你的团队领导者交谈。问问他们，他们的控制范围是多大，他们与每个团队成员单独会面的频率是多少，然后，如果你能做到的话，找个合适的时机让他们描述两三位团队成员。问问看每个成员的驱动力是什么，每个成员是如何学习的，每个成员最喜欢什么样的赞扬或认可。你在这里需要听到的只是生动的细节。显然，你不可能知道团队领导者的描述是否准确，但是评估的准确性并不是关键。关键是你要竖起耳朵，看看你未来的上司作为一名团队领导者是否对每个下属都有足够的兴趣，愿意去了解他们不同的所爱。

然后，如果可能的话，试着安排与其他团队成员进行简短的交谈。询问他们与团队领导者一对一会面的频率，以及团队领导者是不是很了解他们。再说一遍，无论他们与你分享什么，你都要相信你所听到的。如果听起来团队领导者的控制范围太大，或者团队领导者不太进行快速沟通，也不太了解团队成员，那么你还是可以接受这份工作。但如果你这么做了，就要做好心理准备，即你必须在缺乏团队领导者关注的不利条件下为团队作贡献。这是可能做到的，但必然只是短期的。你的长期成长永远都需要有周围人的关注。

流言： 组织最宝贵的资产是它的员工。

真相： 组织最宝贵的资产是对它的信任。

自 2015 年以来，我和我的研究团队对 25 个国家的工作者进行了调查。我们已经分析了超过 100 万份职场天赋能力优势评估报告，并记录了超过 400 万次快速沟通。今天，如果你问我，这项研究中最可靠的发现是什么，我会告诉你以下这些：

我们询问人们是否信任他们的队友、团队领导者及高级领导。那些明确表示他们信任这三个群体中的两个群体的人，具有完全参与度和高度适应力的可能性是其他群体的三倍。那些明确表示他们完全信任所有这三个群体的人，其完全参与的可能性是其他群体的 15 倍，具有高度适应力的可能性是其他群体的 42 倍。

信任就是一切。没有信任，你就无法将爱带入你的组织。因此，如果你是一名团队成员，你所做的任何与同事们建立信任的事情都是朝着正确的方向迈出的一步，能够将爱——以及随之而来的所有美好事物——带入你的工作场所。保持人们的信心；言出必行；与他人一同冒险；分享你的红线，也分享其他色彩的线；在评估他人时做到个性化；以宽厚的方式解释他人的行为。

如果你是一名团队领导者，那么你也必须为团队带来信任。每周进行快速沟通；仅做少量的小承诺，并遵守所有承诺；永远不在一个团队成员面前消极地谈论另一个团队成员；总是为人们做对他们来说正确的事情，即使这并不总是他们想要的；与每个人详细分享你对他们的了解和看法。诸如此类的举动可以一点一点地建立起对团队的信任，并带来爱。

如果你是一名高级领导，你能做些什么来建立足够高水平的信任，从而形成一个真正的"爱＋工作"型组织？当然，上述所有行动也都适用于你——因为在你成为一级又一级的团队之上的领导者之前，很有可能你也当过你的团队的成员和领导者。但是那些更为宏大的组织呢？你能做些什么来引入爱？

你可以从终止某些程式开始：

- "爱＋工作"型组织不会自上而下地设定目标——因为从上面强加的目标会干扰每个人思考自己爱什么以及如何作出贡献。

- "爱＋工作"型组织不会使用绩效评级——因为没有人信任评级。评级会把每个人都降格为一个虚构的数字，让组织看不到完整的人。

- "爱＋工作"型组织不会使用任何绩效反馈工具——因为这些工具会削弱信任。他人的反馈揭示的是他们，却会让你变得模糊。他们的反馈对你喜爱的东西视而不见。

- "爱＋工作"型组织不会进行自上而下的人才评审——因为这会降低整个组织的信任度。没有人会对这种事情感到舒服：在高于自己三个级别的层面，一群不认识自己的人在谈论自己，讨论自己的"完整性"水平，以及这个水平应该如何影响自己在组织中的未来。

- "爱＋工作"型组织不会进行集中的员工意见调查——因为这会使应该拥有信任的地方，即团队，失去信任。所有的员工意见调查，如果需要做的话，应该由团队负责人发起，调查结果应该首先被反馈给团队和团队负责人。

那么，你应该怎么做呢？

以下是"爱＋工作"型组织的特征。我一直在思考该如何与你分享它们，因为我们中几乎没有人处在能够从基础开始设计自己的组织的位置上。所以，我在描述这些特征时，就好像你在面试时问及它们一样。作为一个才华横溢的人，你是珍贵的、有价值的。各种各样的组织都想请你加入。因此，无论你是否清楚这一点，你确实拥有很大的力量来改变工作中的惯例和政策。你可以在面试中先询问"爱＋工作"型组织的特征，然后，为了在一定程度上发挥你的力量，你可以拒绝任何没有这些特征的组织。我知道这么做需要自制力和勇气——如果公司向你提供可观的薪水，或是令人垂涎的发展途径，那么你会很难坚守立场。但是想一想你身后的下一个人，以及再下一个人；想一想你所关心的朋友，你的亲戚，你的兄弟姐妹。如果你用脚投票，拒绝任何不符合"爱＋工作"标准的组织，那么你就可能成为众多"爱＋工作"型组织中的一员。如果有足够多像你这样有才华的人选择只加入那些致力于认真对待每位员工的所爱的组织，那么我们就能够共同引发职场环境的巨大变化。

"爱＋工作"型组织面试

问题 1~5 是最低要求。在加入一个不符合这些要求的组织之前，要三思而后行。

问题 6~11 是高阶特征。如果你找到了一个体现了这些特征的组织，那么你可能会看到一种很特别的工作场所，它会致力于帮助你茁壮成长。

最低"爱+工作"要求：1~5

1. 组织的使命是什么？

这是一个简单直接的问题，但却是一个很好的起点，因为最好的领导者不会自上而下地布置目标，而是会自上而下地传达意义。因此，你要努力寻求能为这种意义赋予活力的回答。你要留心听生动的例子、故事、最近的轶事；要当心那些含糊不清的陈词滥调——"我们关心我们的员工，我们努力做到最好，我们爱我们的客户"。当你听到这些话时，一定要敦促对方举出具体事例。一个真正的"爱+工作"型组织将能够与你分享它所热爱的东西，并帮助你将你的所爱与这种更广泛的激情联系起来。

2. 首席执行官有多少直接下属？

十以下的数字是一个理想的答案。一切好的或坏的事情都是从顶层开始的。首席执行官首先是一名团队领导者。如果他们有十个以上的直接下属，那么这就表明他们不会认真对待每个团队成员对于着眼于未来的频繁关注的需求。（不要被下面这种话给忽悠了：哦，在这个级别，我们的执委会成员不需要如此频繁的关注。因为这就等于是在说：哦，在这个级别，我们的执委会成员已经不再是人了。这种态度要么是错误的，要么是可怕的。）

3. 你们提供什么样的正式团队加入计划？

如果他们不知道你在说什么，那么这是一个坏兆头。如果他们说："这件事情我们让每个团队领导者自行决定。"这也是一个坏兆头。荟萃分析表明，大多数新员工在最初的 90 天内就会知道自己加入这个新组织是否是正确的决定，届时，现实世界中最能预测他们是去是留的因素就是他们是否觉得自己是团队的一部分。一个"爱＋工作"型组织会明白这一点，并且会制定一个正式的团队加入计划来解决这一问题。

4. 我多久可以与我的团队领导者见一次面，面对面讨论我的优先事项和表现？

"每一周"是一个理想的答案。要仔细听。你所听到的就是你实际上会得到的。你很可能会听到这样的话："作为一个团队，每周一次。"或者是："你希望有多频繁就有多频繁。"你要无视这些偏离方向的回应，试着弄清楚该组织是否将和团队成员频繁地、一对一地讨论近期要开展的工作定为团队领导者的优先事项。

5. 组织是否会以任何方式支持我正在接受的教育？

很显然，你希望听到肯定的回答。项目本身是什么几乎并不重要。组织可能为你支付高级学位的费用，共同支付持续教育的费用，帮助你偿还学生贷款——任何项目都可以，只要它能表明该组织将你视为一种正在不断发展的事物、一个将学习和成长作为道德义务的实体，与组织在短期内是否能从你这里受益无关。

高阶"爱＋工作"特征：6~11

6. 组织会做些什么来建设更多像其最佳团队一样的团队？

这是一个比较难回答的问题。坦率地说，对方但凡能说出任何东西，都是好的。尽管人类已经在团队中工作了五万年，但是大多数组织仍然没有把研究哪些团队工作做得最好以及为什么作为优先事项。如果领导者刻意做过任何事情去了解他们最佳团队的与众不同之处，或者他们最佳团队的特点是什么，那么就把这看作是他们意识到"团队好组织才会好"的一个标志。他们究竟发现了什么并不重要，重要的是他们提出了正确的问题。

7. 组织是否制定了由所需能力定义的职业路径？

在心理测量学中，这个问题被称为负面编码项目，这意味着你希望听到的回答是：不，我们认为工作应该由一些简单的结果来定义，而非规定的能力。如果对方给出肯定的回答，你就要警惕了。

8. 组织是否有任何类型的同侪反馈制度？

这又是一个负面编码项目。你肯定希望听到：没有。

9. 是否会有一位人力资源多面手专门为我及同职位同事服务？

在这里你肯定希望听到一声响亮的"是的"。ADP 研究所的最新研究表明，拥有一个单独的人力资源联系人的员工更有可能向朋友和家人推荐该组织。仔细想想，这是有道理的。人力资源部所处理的一切事项——从薪酬到休假、请假及职业路径——每位团队成员的独特需求和情况都是独特的。如果组织认真对待这些独特的需求，那么它就会确保你有一个人力资源"四分卫"，他会去了解你、你的家人、你的所爱、恐惧、希望和梦想。遗憾的是，大多数组织已经取消了这种做法。取而代之的是建立纵向专业轨道——补偿金、福利、假期，等等——并建立了呼叫中心来处理每条轨道上所有被输入的问题，让你自己在这中间努力找到方向。

就像病人觉得每位医学专家都了解自己的一点情况，但似乎并没有任何医生了解自己的全部情况一样，这种多轨人力资源系统令人紧张不安。一个真正的"爱＋工作"型组织会以你这个完整的个体为起点，在这个基础上建立它的系统。

10. 组织是否拥有任何形式的离职员工项目？

这个问题将难倒大多数组织，但是它意义重大。这里的重点在于，"爱＋工作"型组织不仅会从你目前工作的角度看待你，还会从你一生的成长和贡献的角度来看待你。比如，它会说："你和你对世界的贡献是所有一切的道德和伦理要点，所以，我们不会只在你受雇于我们时才认为你有价值。相反，我们会想办法与你保持联系，这样我们就能看到你与我们的合作是如何帮助你找到所爱并向世界贡献你的所爱的。"是的，当然，正如麦肯锡（McKinsey）、埃森哲等许多公司所发现的那样，一个强大的离职员工协会能够以客户关系、行业联系及市场人才品牌等形式带来许多别的短期商业利益。但是"爱＋工作"型组织并不是出于这些原因才这么做的。它与离职员工保持亲密关系是因为他们——他们的所爱、他们的潜力、他们的贡献——就是终极道德。

11. 组织是如何解聘团队成员的？

在求职面试中问这个问题显得很奇怪，但无论如何都要问。很多人会希望听到这样一种解聘计划，即它能够表明该组织非常尊重即将离去的团队成员的恐惧、需求和所爱。员工的所爱不会随着雇佣关系的结束而结束。任何一个真正的"爱＋工作"型组织都会认识到这一点，并且会用充满爱和尊重的方式引导员工离去，一如它们引进员工时那样。你一定要非常仔细地倾听。在某个时候，你和你的所爱可能也会走出那扇门，届时你会想知道公司是否认为你作为一个人的价值仍在继续。

 "爱＋工作"面试

1. 组织的使命是什么？

2. 首席执行官有多少直接下属？

3. 你们提供什么样的正式团队加入计划？

4. 我多久可以与我的团队领导者见一次面，面对面讨论我的优先事项和表现？

5. 组织是否会以任何方式支持我正在接受的教育？

6. 组织会做些什么来建设更多像其最佳团队一样的团队？

7. 组织是否制定了由所需能力定义的职业路径？

8. 组织是否有任何类型的同侪反馈制度？

9. 是否会有一位人力资源多面手专门为我及与我同职位同事服务？

10. 组织是否拥有任何形式的离职员工项目？

11. 组织是如何解聘团队成员的？

学习中的爱

爱为什么会消失？如何让它回来？

我们什么时候才能改变学校？

在过去的 30 年里，我一直在宣讲人性的力量就在于每个人的天性都是独一无二的，我们每个人都有不同的所爱和所恶、优势和激情，而我们成长的最佳方式就是将我们的独特性转化为富有成效的东西。

几乎每一次宣讲结束，都会有人走过来说这样的话："我们为什么不在学校里对我们的孩子们这样做？"

我们每个人都知道自己是独一无二的，世界上没有人和我们一模一样。我们本能地觉得学校这一场所应该与我们探讨是什么让我们独一无二，并帮助我们理解它、尊重它、将它应用于我们自己的学习中。我们想接纳学校，想让课程深入我们的内心，并感受到自己从内到外成长为最好的自己。

然而，对大多数人来说，学校并不是这种场所——而这对于作为成年人的我们的影响是非常深远的。有时候学校感觉就像是我们不得不被动接受的东西。它根本就不了解我们，只是把事实、课程、考试和成绩扔给我们，让我们自行承受冲击。

我们试图在学校学到足够多的东西，以便能生存下去，能爬上摆在我们面前的"梯子"。我们总是低着头，眼睛盯着我们的作业和测验，以便为自己获得离开学校所需的最宝贵的护照：优秀的 GPA（平均学分绩点）、ACT（美国大学入学考试）和 SAT（学术能力水平考试）高分，以及正确的课外活动清单。

对我们来说，可悲的是，中小学毕业之后只会进入大学和职场，而这两者都是围绕着同一套奇怪的模式建立起来的：学习等于信息传递，由他人评判我们的表现，由他人发现我们的差距并要求我们填补这些差距，以便提高我们的绩效评级，从而获得晋升。

这整个过程——从小学到中学、大学和职场——迫使我们将自己与自我分离开来。难怪学生会焦虑；父母为了让孩子获得合格的分数和证书，不惜付出荒谬甚至非法的代价；组织甚至无法留住 20% 的劳动力。整个生态系统似乎对我们每个人都很不利。

2019 年，我在不情愿的情况下亲眼见证了这种压力对父母和孩子的影响。我至今仍在试图理解所发生的事情，我的孩子也是，我想我们这辈子恐怕都很难真正理解它。我现在和大家分享这件事，并不是因为我已经完全知道到底是什么导致了这起丑闻，也不是为了对那些当事人做出评判。

我之所以分享这件事，纯粹是因为那种强烈的痛苦给我带来了一种推动改变的紧迫感和激情。我希望我和我孩子的经历能在你身上触发类似的感觉。因为，是的，毫无疑问，我们需要团结起来——作为学生、家长、教师和管理者——要求我们的学校做出改变。

"爸爸，接下来会发生什么事？"

我们爱自己的孩子胜过爱自己的生命，不是吗？当他们感到疼痛时，我们会比他们痛 50 倍以上。我小时候遭遇过痛苦，我相信你也一样。我有策略地化解了我的大部分痛苦，或者是为它们找到了很好的掩体。我相信你也是这么做的。我们想出解决办法，然后继续前进。可是当我们看到自己的孩子处于痛苦之中时，这几乎是无法忍受的。对我们很多人来说，就是在那一刻，也只有在那一刻，我们才会寻求帮助。

我的儿子就是我的一切。我的长子。2001 年 3 月，在纽约一个寒冷的早晨，我第一次贴心地抱住他。抱着一个我们自己创造出来的生命，这感觉是如此美丽，简直令人晕眩。他是一个小小的、有魔力的肉团，紧紧抓着自己的脐带，一边哭叫、一边扭来扭去。我从未有过如此充实的感觉，一个我从不认识的人在一瞬间变成了我最爱的人。

当时，我对他的希望正是我们所有人对自己孩子的希望：有机会展现自己最好的一面，有机会让人们看到他真正的样子，看到他独树一帜的光辉形象。我想让全世界都了解他。

18 年后，仍然是在 3 月，我再次把他拉到胸口，拥抱他。现在他显得毫无生气。他的声音单调而平淡。他缩回去，落寞地看看我，然后走开了。他的眼白灰蒙蒙的。他坐到木地板上，肩膀弯到膝盖上，就好像没有任何氧气进入他的肺部一样。又或许，是我的肺里没有氧气。

2019年3月12日，那天早晨，我儿子无辜地发现自己成为了这个时代最大的大学作弊丑闻之一的主角。

早上6点35分，他打来电话。"爸爸，你在自己家里吗？"他的声音在颤抖。

"是的。"我回答道。

"你得过来一趟。"他说，"妈妈被联邦调查局逮捕了。"

当时我正站在车库外，准备去上班，试图弄明白我刚刚听到了什么。车库墙上的茉莉花正在绽放，而我将永远把它们的香甜气息与恐慌联系在一起。我儿子说的一定不是真的。没错，我和前妻在离婚时发生过激烈冲突，而且，是的，很遗憾，我们此后就不再和对方说话了，但她绝不是一个贪赃枉法的人。恰恰相反，她是一个惊奇队长类型的人，随时准备并且很愿意介入危机并力挽狂澜，她能搞定一切琐事，是一名无所不知的家长。她居然会被联邦调查局逮捕，这完全不合情理。

开车到他们家的15分钟感觉就像三个小时，又像没花任何时间，我的手掌在换挡器上不断打滑。

我把车停在他们家门口，打开车门，抬头望去，目光跟正在遛他那只完美的棕色拉布拉多犬的邻居那不以为然的眼神对个正着。大门敞开着，我匆忙间在门前的台阶上绊倒了。我弓着身子，一阵恶心袭来，于是我停下了脚步。拉布拉多犬在吠叫，我深吸一大口气，挺直了身子。我知道无论我即将走进什么地方，我都必须表现出力量。

我的两个孩子都坐在大厅的木地板上。也许是因为这里曾经是我的家，但是已经有一段时间不是了，或者也许只是因为那天早上的心情缘故，总之，当我走进去的时候，我感觉那不像是人们居住的家。我感觉就像他们正在搬家，或者是有人刚刚死去。我在大厅里和他们交谈，但我的感觉是，如果我打开其他房间的任何一扇门，我都会发现家具被用布盖住了，书籍和餐具放在盒子里，一切都准备好搬出去了。

我拥抱了他们两个——我18岁的儿子和16岁的女儿——然后我们又坐回到地板上，就好像在等待搬运工。没有人说任何话。

大约30分钟后，我儿子的推特订阅消息开始发布信息——数十人被捕，一次诱捕行动——然后，用拇指划拉了几下之后，这位聪明的少年不知怎的在网上找到了正式的政府控告文件。在他阅读收到的推文并点击查阅控告文件时，我们三个人围拢在他的手机周围。我把眼镜忘在家里了，所以我得靠他把找到的消息读给我听。

"控告文件中提到了她。"停顿。

"不过是在第15页上。"停顿。

"她被指控触犯了什么诚实服务法。也许她是证人。"他继续读道，然后停了下来。突然间，他和妹妹都屏住了呼吸。

"怎么了？"我喊道，"你读到了什么？"

"是谈话记录。"他说，"她和里克·辛格的谈话记录。她付钱给里克·辛格，让别人替我考ACT。"

眼看着我的儿子发现他的成就不是他自己的——要知道，几个月前，他是那么自豪地与我、与他的朋友、与我的妈妈分享了他的ACT成绩。天知道这对他的打击有多大。每当我回忆起那一刻，我都会哭出来。在接下来的几周里，那句话的每一种暗示都会在不同的时间以不同的方式影响到我们每一个人。但是，在那一刻，痛苦以全部力量同时击中了我们所有人。我女儿离开大厅，走到起居室去，蜷缩在沙发上，而我和儿子就站在那里。我抱住了他。

"爸爸，接下来会发生什么事？"

我更紧地拥抱他。我发现自己在安慰他，说他妈妈不会有事，说我们会解决这个问题，说他的人生不会就此结束。他看着我，然后走进卧室，那是他的避难所。

事实是，所有这些事情我都不能确定。我在尽我所能为了他而坚持住。我有一种无助的感觉。我的脑海里不断回旋着这些问题：以后这个世界还会看到他真正的样子吗？我怎么会让这种事情发生在他身上？我怎样才能帮他渡过难关？

我想告诉这个世界，最能定义我儿子的品质是他的忠诚；他是一个遵守规则的人；从五岁起，他就不让我拉下飞机座位旁边的窗帘，因为那个窗帘可能属于我们前面的座位；他讨厌出风头；他不是一个野心勃勃的 A 型奋斗者；他的朋友们都信任他会支持他们；我最自豪的是，他们中有那么多人要求他站出来在他们的成年礼上代表他们发言。

我想让这个世界知道关于他的所有这一切。但是，那天早晨，站在门厅，我看到岁月在流逝，而他变得越来越小。我发现自己无法呼吸。

不过，孩子们拥有惊人的适应力，不是吗。六个月后，他和我与大约 50 名新生坐在一座大学礼堂里，这所学校根据他第一次也是有效的 ACT 成绩录取了他。这是迎新会，出席者是学生和他们的父母，于他，则是他和我。台上那位精力极其充沛的领导者要求每名学生想一件事情与其他人分享，一件令人惊讶的事情，一件你会，或者不会，为之感到骄傲的事情——一件能帮助我们更好地了解你的事情。

我坐在那里，全身瘫软。他打算分享什么？就在那天早上，新一期《名利场》(*Vanity Fair*)杂志出版了，他的母亲与费利西蒂·霍夫曼、洛里·劳克林一起登上了封面。我绞尽脑汁，想着如何为他求情，或者在一张纸片上写几条建议，然后悄悄传递给他，就在这时，突然轮到他了。我挺直腰板，怀着抗拒心理审视着众人，等待着不可避免的事情。

在自我介绍后，他说："我来自洛杉矶。你可能不知道……我可以咬到脚指甲。不是说我一直都这么做。只是我可以做到。"

礼堂里发出咯咯的笑声。没有人质疑他，没有人冷嘲热讽。他不需要我，也不需要我的抗拒。我靠回椅背上，老怀甚慰，因为我知道他会慢慢找到渡过难关的方法。他会找到自己的声音。

一切为品牌服务

不过，孩子的韧性并不能免除我们的责任。我们建立的教育生态系统给我们的儿童以及父母带来了压力，却没有让他们做好在工作中作出最佳贡献的准备。现在是时候了，我们要开始拆除它，并逐步将它重新组装成以每个儿童为中心的东西。

要做到这一点，我们必须做两件事情：第一，揭露我们的学校目前正在做什么，让我们受到如此大的伤害，并且明确哪些做法必须永远从我们的学校中剔除。第二，与此同时，为一个更好的系统制定蓝图，让我们所有人都能依据蓝图团结起来并根据它采取行动。

所以，首先，让我们明确地说出来，是的，世界上有数百万才华横溢、心地善良的老师。你有幸遇到了一些，我也是。如果没有怀特豪斯夫人对伟大文学的热情，没有赫瑟林顿先生对我学习拉丁语能力的坚定信念，我就不会成为现在的我。这些杰出的老师都在竭尽全力帮助我们每个人学习和成长。

然而，在许多情况下，他们这样做的时候必须冲破我们的教育生态系统的阻力，而不是得到后者的支持和鼓励。

为了建立一个更好的系统——为了他们，也为了我们——我们首先需要回答这个最基本的问题：学校存在的目的是什么？

在最基本的层面上，学校是为儿童保育服务的。它是由德国人在19世纪中叶设计的，这样父母就可以被解脱出来，离开家，离开孩子们，到外面那些刚刚兴起的工厂和办公室去，这些工厂和办公室需要成年人在现场工作。工业革命首次将劳动力带到了家庭之外，因此需要建立一个大规模的系统，让父母们有信心每天离开孩子10~12个小时。这个系统就是学校。学校过去和现在都是为了照顾孩子，这样我们这些父母就可以获得解脱，去贡献经济产出。学校让我们可以去上班。

当然，学校最初确实还有第二个目的，即教育孩子，让他们长大后能够为经济增长贡献自己的劳动力。因此，孩子们被教导阅读、写作和做基础数学，然后他们被分流：一部分将从事手工业，这些孩子很快就被送去从事实用的学徒工作；另一部分将从事专业服务，如律师、医生、工程师、金融家和商人。后一部分人被更长时间地留在学校里，通过接触文学、历史和哲学的伟大著作被教会如何思考。

这种做法在很多年里一直很有效。越来越多的有文化的国民可以更多地助力国家不断增长的经济。他们不仅知道如何将自己的生产力增加到国家的国内生产总值（GDP）中，而且会成为更富裕、更有教养的消费者。识字的人买得更多。

今天，尽管可以说很奇怪，但是这一目的的重要性确实已经减弱了。是的，教我们的孩子们如何阅读和写作仍然是有意义的，但除此之外，他们在学校学到的能帮助他们在所选择的职业中脱颖而出的技能和知识变得越来越少。这是为什么？首先，因为他们十年后毕业时将从事的工作现在甚至还没有被发明出来，所以学校不可能帮他们做好从事这些工作的准备。其次，即使是那些看似长期存在的工作，如护理、汽车制造和维修、销售或酒店管理和服务，也正在以如此快的速度发生变化，以至于公司面临的最大挑战是重新培训他们的现有员工。

那么，如果这一目标已经被当今职场的快速变化超越，如果学校不再能帮助学生为未来的职业生涯做准备，那么它的目的又是什么呢？为什么我们要为它投入如此多的时间、精力和金钱，并将我们自身作为父母的声望押在我们的孩子在学校的表现上？为什么在脸书上，妈妈和爸爸团体在激增？为什么青少年体育变得极端职业化？为什么要在辅导老师和备考上花费数十亿美元？为什么父母不惜毁掉自己的声誉、违反法律，只为了让孩子在这个被称为"学校"的玩意儿里取得成功？学校的目的是什么？以至于几十年来，它可以支配我们并在经济上和道德上让我们承受巨大损失？

最平庸的答案是：学校是用来分类的，用于将学生分为不同类别和熟练程度。你往这边走，你往那边走。你跳上来，你待在下面。

谁想要这种分类？职场。职场中的公司和组织是中小学和大学的客户。它们是中小学和大学的服务对象。它们是"产品"——即将毕业的学生——的使用者。它们掌握了金钱——以工资、捐款和投资的形式。它们要求对学生进行这种分类，尤其是因为这样可以更容易知道去哪里招聘合适的员工。因此，这些组织向大学施加了巨大的压力，要求对每个学生进行预筛选，这样它们就可以清楚地知道从每一所大学里可以得到哪一类学生。

在来自职场的压力下，大学加倍努力地完成分类任务。它们意识到，每所大学都必须明确自己的品牌，比如："我们将为你培养哪一类学生。"在教育领域，打造品牌与在商业领域有着完全相同的作用：即区分表面上看起来完全相同的产品。

三星手机和苹果手机在功能上有什么区别？没有，除了苹果的品牌比三星的品牌具有更强大的积极联想之外。特斯拉 Model 3 和极星有什么区别？就运作方式、续航能力和安全性而言，基本上什么区别都没有。唯一不同的是品牌——特斯拉首席执行官埃隆·马斯克（Elon Musk）无处不在，你确切地知道他和他的公司代表着什么。而到目前为止，极星的品牌信誉为零，在解决这一问题之前，其销售额将持续受到影响。它并不需要拥有与特斯拉同样强大的品牌，它只需要确认并放大自己的品牌。

大学也是如此。从麻省理工学院（MIT）毕业的工科学生与从加州理工大学、埃默里大学或佛蒙特大学毕业的工科生基本上能够胜任同样的工作。麻省理工学院的董事会不喜欢这种情况，因此力图确保麻省理工学院的品牌代表了某种令人难忘的、特别的东西。如果麻省理工学院要继续确保学费资助、职场关注及校友对其普通捐赠基金的捐款，那么它就必须确保"MIT"这三个字母代表着一个品牌，就像"特斯拉"代表着一个品牌一样。

不仅仅是麻省理工学院。每一所经营良好的大学都知道，它的目的是向职场传达它的品牌是什么——我们在这里培养什么样的学生——而且它所做出的每一个决定都必须强化它想要的品牌特征。

听着，这种对品牌的执着并没有错。每个组织都需要找到一种让自己区别于其他组织的方式，大学也不例外。它们理应认真对待自己的品牌。

它们之所以会造成损害，是因为它们选择用我们的孩子作为其品牌的建筑砌块原材料。这是一个打造品牌的生态系统，一部营销机器，而孩子们是它的机件，而非目的。它们的品牌才是目的。这个生态系统被认为是如此强大、如此真实、如此不可抗拒，以至于人们认为，如果一个孩子一开始就选错了品牌，那么他们就不太可能挣脱束缚，重塑自己的品牌。

这就是为什么一些父母为了让自己的孩子进入正确的幼儿园而把自己扭曲成如此孤注一掷的模样——把他们放在特斯拉里，他们的人生就有希望了；但是让他们爬上极星，他们就输在了起跑线上。

品牌的数据

如果从这种分类／打造品牌的视角去看学校，那么各种稀奇古怪的仪式的意义就突然变得清晰起来。为什么加州理工大学要给米歇尔的儿子寄一本招生宣传手册？

为什么米歇尔要把它放在厨房岛台上，希望他能看到它的标题——"你属于我们！"——并拿起它阅读？

她把它放在那里是因为她真的相信加州理工大学可能想要他，如果她能吸引他对该校感兴趣，那么她就可能帮助他爬上一辆特斯拉。

但是，当然了，加州理工大学并不想要他。呃，它可能想要他，但是它给他寄手册并不是出于这个原因。其他 100 所大学也不是出于这个原因而寄出宣传手册。它们希望降低录取率，因为这对它们的品牌有好处。申请的学生越多，它们的录取率就越低，它们也就越能通过宣传自己是多么精挑细选来建设自己的品牌。他们制作了这些熠熠生辉的小册子，用图片展示秋季树叶繁茂的大学校园，正在漫步和微笑的学生，一本比一本更有吸引力，承诺"你适合我们，你属于我们"，因为这样一来，学生就会——或许会——向它们提交申请，这将提高它们的申请人数，降低它们的录取率，从而提升它们的品牌价值。

然后，加州理工大学会向《美国新闻与世界报道》（*US News and World Report*）的大学排行榜公布它的录取率，希望今年该校名次会上升一两位。如果你去访问网站，就会发现录取率是报告中为你提供的关于加州理工大学——或者任何大学——的第一条信息。事实上，去年加州理工大学的录取率为 30%，《美国新闻与世界报道》很开心地将其与加州大学戴维斯分校（41%）和加州大学圣塔芭芭拉分校（32%）的录取率进行比较。

这个排行榜对你和你的孩子有很大的影响力。你可能没有意识到这一点，但是许多大学董事会将大学校长和管理人员的奖金水平与大学在《美国新闻与世界报道》榜单上的排名联系起来。一些大学——比如常春藤盟校、斯坦福大学、牛津大学和剑桥大学——认为自己凌驾于这个榜单的要求之上，但几乎所有其他大学都敏锐地意识到，这个榜单起到了品牌监视器的作用，它准确地校准了每个机构的相对品牌实力。

当然，任何了解数据的人都知道，《美国新闻与世界报道》及其背后的数据都是极不可靠的——是披着精确性伪装的猜测——但是它不仅能吸引眼球，而且还决定着人们的奖金数额。

所以，是的，大学会竭尽全力获取尽可能多的入学申请，尽管它们知道自己只会接受很少的申请，因为这样它们就可能在榜单上上升一两位，于是职场会更加关注它们，校友们会向它们支付更多的钱，然后它们将能够修建新的图书馆，或是水上运动中心，或是玫瑰园。

你知道还有什么能为它们的品牌增添精准度吗？——如果中学能够找到某种方法来量化学生的学术实力就好了。于是它们建立了一个平均学分绩点系统。平均学分绩点由高中管理，然后提供给大学，使大学能够对每一个学生进行比较，只选择平均学分绩点在某条线以上的学生，然后对外公布该校即将入学的新生班级的平均学分绩点。

这种为品牌增加精确度的需求也解释了 SAT 和 ACT 等标准化一般智力测试的存在原因。研究表明，实际上并不存在一般智力这种东西，而这些测试也不能预测现实世界中的任何事情，无论是收入能力、幸福感、寿命还是身心健康。但是大学之所以使用它们并不是出于上述理由。它们真正希望这些测试做到的仅仅是能与大学平均学分绩点具有一定的预测关系。通过这种方式，它们可以向全世界宣布，它们——即大学——的新生平均 SAT/ACT 成绩为 X，这样一来，它们就可以将自己的大学品牌锁定为能为你——亲爱的职场——打造大学平均学分绩点为 Y 的大学毕业生。

是的，大学知道平均学分绩点与随后的收入能力或现实生活中的幸福感或身心健康没有任何预测关系，但是，同样地，这并不是它们真正关心的问题。它们关心的是向职场展示一个合乎逻辑的品牌，因此，它们根据 SAT/ACT 成绩挑选学生的能力和宣传平均学分绩点的能力就变得至关重要。

所有这些测试都导致了对辅导老师和特定备考课程的需求——它们都需要花钱购买——因此，大学打造品牌的需求使得天平越来越向那些最富裕的父母倾斜，这一事实令人遗憾，但是，同样地，这并不是它们真正关心的问题。它们只是忙着为学生的分类过程制定标准。如果某些父母选择花费数千美元来帮助他们的孩子达到这些标准，这是他们自己的选择。

作为一名学生，不知道你是否思考过，为什么要对成绩如此执着？为什么要经受 SAT/ACT 辅导班的煎熬或是为之付费？为什么要加入这场大学申请的军备竞赛？为什么要让自己经受这一切？为什么这感觉像是一场恶战？为什么感觉我成了某种与我毫无关系的事物，即一个不关心我、不理解我、甚至看不到我的生态系统的一部分？——问得好！答案是：因为初中、高中和大学并不是为了培养你而设计的。你和你美丽的独特性与你自幼儿园后进入的教育生态系统的需求几乎毫无关联。

以成绩印戳为例——三等优异成绩的第二等（magna cum laude），三等优异成绩的第一等（summa cum laude）。机构在用这些印戳给你打上烙印时是多么开心——这是打造品牌的数据的另一个来源——然而它们对学生个体的损害又会是多大！当米歇尔获得三等优异成绩的第二等时，她得到了一根荣誉绳，在毕业典礼上自豪地戴着它。她为那根绳子付出了巨大的努力。她把日程表排得太满了，她放弃了吃饭，熬通宵完成作业，服用安非他命以便在上课时保持清醒，最重要的是，她希望她的妈妈能看到这根绳子，并为此感到非常骄傲。

当然了，在现实中，她的妈妈不仅没有感到骄傲，反而是心烦意乱。她妈妈只看到了她干巴巴的 74 磅 ① 重的身板儿。诸如二等优异奖之类的印戳就像是将军授予年轻士兵的勋章，目的是分散士兵对真实情况的注意力。当米歇尔在为这个印戳努力时，她失去了米歇尔的真实身份。她身上所有令人感兴趣的东西——她爱什么，她会被什么吸引，她什么时候以及怎么做学习效率最高，什么能激发她的创造力，什么会让她沮丧——所有这些能给她在职场中带来自我效能感的东西，而且，坦率地说，职场应该也是非常想了解她这些方面的情况，所有这些东西都被争取印戳的努力掩盖了。印戳只对大学有好处，正如勋章只对将军有好处。

那么平均学分绩点又怎么样？作为家长，你每周都得督促孩子保持他们的平均学分绩点。你会让他们参加额外的大学先修班（AP）课程以提高他们的平均学分绩点。你会给他们的青少年时期带来很大压力，破坏他们的社交发展，以便他们能够保持住平均学分绩点。你告诉他们，他们需要这个平均学分绩点，因为只有这样他们才能进入正确的大学。

---

① 1 磅 =0.454 千克。——译者注

但是平均学分绩点究竟是个什么玩意儿？从数据的角度来看，它就是一团糟。你听说过一种叫作"评分者间信度"（IRR）的东西吗？它听起来很晦涩，但对你和你的孩子来说，它是一个非常有意义的概念。评分者间信度是指两个评分者以完全相同的方式对同一测试进行评分的能力。如果你把孩子的作文先交给一位老师打分，然后再交给另一位老师打分，这两位老师给出的成绩是一样的吗？如果是的，代表一切都好，你有100%的评分者间信度。但如果不是这样，那么你孩子的成绩就是虚构的——是不可靠的数据。

有些科目的评分者间信度高于90%：数学、物理、生物的某些部分及化学。

至于其他科目——事实上，是大多数其他科目——评分者间信度都低于50%的水平。英语、历史中不涉及日期记忆的部分、社会学研究、外语，它们的评分者间信度都不到50%。

你能想象吗？

这意味着学生的平均学分绩点数据存在很大的不确定性，它取决于哪位老师在给哪份试卷评分。在英国，研究人员对此进行了具体的研究。他们发现，在评分者间信度低于50%的科目中，如果换一位老师评分的话，有超过四分之一的学生成绩会下降或上升一个档次——从A降到B，或是从B升到A。因此，这些学生中的许多人本会被非常不同的大学录取。

这意味着你的孩子的平均学分绩点数据并不可靠。如果我们过度向孩子强调这些数据的重要性，那我们就会对他们形成误导。他们知道可靠数据的重要性——电子游戏中的升级通常是基于可靠的数据，社交网络的数据也是如此——但是我们几乎从一开始就告诉他们，定义他们和他们的未来的数据是可靠的，而事实并非如此。

3.69 的平均学分绩点——这个大学会接受并最终发布出来以定义其品牌的数据点——并不是真实数据。它的设计和创建是为了让高中能够为其客户，即大学，提供服务。但是它并不可靠，它是无效的，关于一个孩子它所能揭示的东西少而又少。

"爱＋工作"型学校课程

如果以上都是夸大其词，如果中小学和大学真的对每个学生究竟是什么样的人感兴趣，那么我们就应该能看到以下东西：

- 我们应该看到课程设置的关注焦点是学生的身份特征。这些课程能够帮助学生弄清楚自己的身份特性在多大程度上与他们和他人共享的特征有关，如性别、宗教或国籍等，以及在多大程度上与他们性格的独特性有关。
- 学校会开设课程教学生如何利用常规一周时间所需的原材料来了解自己真正喜爱什么，或者是自己如何学习效率最高，或者是自己什么时候感觉最如鱼得水，或者是如何建立最健康的人际关系。这些不是关于学习、创造力或者是人际关系的理论课程，而是关于你——这个美丽、独特的人类——是如何学习、如何创造或是如何建立人际关系的。
- 我们应该看到一些课程帮助学生克服青少年时期复杂的社会压力，识别自己独特的声音，然后指导学生如何将自己的声音培养成对他人有价值的东西。

- 上述学生在了解自己的特质以及如何贡献这些特质的同时，也会学习如何尊重他人的特质。这些课程将有助于学生澄清关于种族和性别平等需求的明显悖论，因为事实就是，没有任何性别或种族是性质单一的存在——性别内部或种族内部的差异比性别之间和种族之间的差异更大。这些课程将帮助学生发现他人独特性的线索，并指导学生如何成为他人独特性的支持者、盟友和放大器。

- 学校将开设课程探讨如何做出决策、如何培养适应力、如何加入新团队、如何参与多个团队、如何向新团队成员介绍自己、如何在不自吹自擂的情况下谈论自己的强项、如何在听上去不是自说自话的情况下谈论自己的所爱。

我们将看到一个长达十年的课程计划，完全聚焦于如何能让一个学生熟练掌握他的所爱，以及如何将这些所爱贡献给他人。公司将从由这类课程培养出来的学生身上受益匪浅——它们雇用的新员工将更自信、更具自我效能感、更具个人适应力、更宽厚大度、更具快速与他人合作的能力。

但是，更重要的是，想想这些课程将如何令学生受益：了解他们自己，了解他们每个人都包含着多少个银河系，了解来自这种力量的责任，并获得源自这一力量的自信——对于那些将自己托付给我们照顾的独特而非凡的个体而言，这将是一份多么独特的礼物！

如果我们真的担忧每个学生的心理健康和发展，我们就会看到这样的课程。

然而目前我们没有看到它们中的任何一个。

偶尔，会有一所大学让学生参加优势识别器测试或是迈尔斯－布里格斯人格类型测验（Myers–Briggs），或是其他一些评估，但这些都是分散注意力的小乐子——就像生日派对上的氦气球。它们并不是帮助每个学生熟练把握自我的十年承诺的一部分。

存在着更好的方法。你可能需要考虑很多，因为你绝不想把自己的孩子耽误了。事实上，你想做的恰恰相反。你想帮助你的孩子茁壮成长，然而这个由中小学和大学组成的生态系统太强大、太有说服力了。但是有一种反击的方法，可以拉下愚弄人们的品牌化伪装，让你的孩子和你自己接受一种截然不同的教育。

说问题的一部分在于我们，这是不对的。我们就是全部问题，只有当我们——我们所有人——对这个生态系统做出具体的改变，我们才能开始还我们的孩子以公平。

"爱＋工作"型学校宣言

以下是我们需要为孩子们做出的十大改变。它可以作为以儿童为中心的中小学和大学的宣言——按照完成的难度升序排列。这份清单并非详尽无遗。相反，我提供它是为了激发你自己的思考，思考你——作为一名学生、教师或家长——从此刻开始可以采取什么行动。

1. 不要将育儿视为一项竞技运动

每参加一次考试、每加入一个俱乐部、每参加一个夏季项目、每担任一次慈善活动志愿者，我们都会记分，而大学录取则是终点线。事实上，育儿作为一项竞技运动是没有终点线也没有赢家的，这里只有输家，而且输家大多数都是儿童。

2. 不要把自己的恐惧投射到你的孩子身上

有人说，参与大学作弊丑闻的家长之所以这么做，是因为他们有资格这么做。也许有的人确实有这种感觉。但在我看来，更接近真相的解释是，他们参与其中是因为他们感到害怕。

了解别人的恐惧，你就会了解他们的需要。而了解他们的需要，你就会理解他们的行为。这些父母担心自己孩子的未来，所以他们认为自己需要做点什么，不惜一切代价，甚至包括作弊和撒谎，以便让孩子的未来更加安全。在这样做的过程中，他们不仅必须对孩子撒一辈子谎，而且还散布了更深层次的谎言，即恐惧是不好的，所以任何能减少恐惧的行动都是合理的。

当然，事实是，对未来的恐惧是人类生存条件中合理且具有适应功能的一部分。生活的挑战不是减少恐惧，而是感受、理解和克服恐惧。承认你的恐惧，甚至热爱你的恐惧，但仍然会采取行动，会冒险、跌倒，然后爬起来再次冒险，这是健康的标志。

如果我们拼命减少恐惧，那么最终结果就是会强化恐惧，并削弱儿童的力量。

3. 停止阅读《美国新闻与世界报道》的大学排名表

停止阅读《美国新闻与世界报道》的大学排名表，并且要求大学董事会将奖金与大学在榜单上的排名脱钩。

当我们思考该如何改变世界时，我们最大的权力和控制源在哪里？我们在购买和消费方面拥有如此强大的力量，那么我们为什么不能作为一个家长团队走到一起？无论你的孩子是三岁还是16岁，这都无所谓。我们所消费的东西会让社会知道我们看重什么。如果我们停止购买，他们就会停止生产。制作这些排名表的最初目的是为了吸引订阅和广告，可是现在它们的影响力如此之大，以至于大学会为了上升一两个名次而扭曲自己，父母会向孩子们施压，要求他们只申请"最好"的大学。

事实是，支撑这些排名的数据是晦涩不明的、不可靠的、不准确的，它们全都是噪声，毫无意义。

可它们确实是制作新闻报道的好材料。我们正在把自己的孩子送上《美国新闻与世界报道》排名表的祭坛。别再读它了。

4. 开始阅读研究资料

我们几乎完全无法根据你上哪所大学来预测你之后是否能取得成功，而且绝对无法预测你的心理健康情况。

当然，这项研究还在进行中，所有发现都只是暂时的，但是到目前为止，有两项发现很突出：首先，你就读于哪所大学在预测你的收入潜力和长期身心健康方面起不到什么作用。

其次，被常春藤盟校录取对少数族裔学生帮助最大——对这一发现最好的解释是，他们的大学经历使他们可以拥有新的强大的社会网络。

这有力地证明了我们应该继续采取平权行动，为在社会经济方面处于弱势地位的学生提供名额，并促进学生群体更加多样化。这还表明，任何富裕的中产阶级白人家长为了把孩子送到一所"更好"的学校而对其施加压力，或是在孩子的考试中作弊，都是在浪费时间。"更好"的学校并不会让孩子变得更好。

5. 开始向大学施压，让它们摒弃标准化考试

ACT 和 SAT 分数对今后的人生究竟能起到什么预测作用？完全没有。它们只是任意一个问题列表的分数。与智商测试中的任意问题列表一样，它们的有效性仅限于衡量孩子回答某位测试者决定纳入测试中的那些问题的能力。

是的，构建和推销这些测试可以赚很多钱，但是，作为一种揭示孩子思维独特性的工具，它们是完全没用的。

我有没有付钱让儿子读备考班，以确保他为我觉得毫无用处的考试做好准备？是的。他学习并接受辅导，希望能取得好成绩，而且在第一次也是真实的考试中，他确实取得了好成绩。那么这是"正确"的分数吗？谁在乎呢？更重要的是，还有其他成千上百万的孩子负担不起备考费用。我们该拿他们怎么办？将辅导纳入奖学金系统中？或者是对考试征税，并用这笔税费来资助政府运营的辅导课程？

一个更好的解决方案是取消这些考试。SAT 和 ACT 都是再糟糕不过的伪科学。谢天谢地，有许多学校正开始与之分道扬镳。让我们加快撤离速度吧，我们这些家长理应尽力助推这一趋势！

让我们用高中成绩单、个人作文和面试来取代这些考试。是的，这需要花更长的时间来获取和筛选，而且几乎没有捷径可走，但是，对不起，大学招生部门，这正是重点。我们不希望为了能让你们在录取过程中节省一些时间而牺牲掉孩子们生动的独特性。请让孩子们提交他们的高中成绩单，写一些描述他们自己和他们的爱好的文章，并对他们进行面试。然后根据你们在每个孩子身

上看到的情况做出定性的决定。你运用自己的判断力做出定性的决定没有什么不好。这总比走依赖虚假数据的捷径要好得多。

6. 开始禁止在大学申请中列举参与的俱乐部、文体活动或慈善工作

想来，最初引入这些活动是为了让孩子们充分展示自己的真实情况，但现在这些活动已经不再服务于这个目的。

它们已经成为徽章，申请人的"资质"，申请人被迫将其钉在申请表上。这样一来，它们是偏向富人的，因为获得每一个徽章都要付出金钱的代价——所涉领域越深奥，代价就越高。如果你是一名夜班护士长，你会有时间、精力或金钱让你的女儿报名参加那个完美的志愿者项目吗？

更令人担忧的是，这些"徽章"掩盖了申请人的真实情况。这个学生真的如此热爱击剑、开救生艇或是编辑年鉴，以至于他无法想象自己的世界中可以没有这些东西吗？还是说，追求这些"爱好"其实是出于美化申请书的需要？

让我们停止用徽章来装扮我们的孩子吧。如果他们有一个爱好或特殊兴趣，就让他们在文章中写下来，或者是在面试时充满激情地描述它。

7. 开始向初高中施压，要求他们开发培养自我掌控能力的课程

这些课程应该集中在三个方面：①随着时间的推移，每个孩子如何通过在家中和在学校的日常生活，识别出让他们获得独特性的所爱和强项；②每个孩子如何才能找到将这些强项转化为贡献、将自己的所爱转化为工作的方法；③每个学生如何才能利用

他们对自己和他人的所爱的理解，加入并建设具有高度协作性的团队。

职场会竭尽全力支持这种课程的开发。根据 ADP 研究所的最新全球研究，有 85% 的工作是在团队中完成的。因此，如果学校真能将它们的优先事项确定为教会学生如何详细了解自己能给每个团队带来什么，以及如何以最有效的方式贡献自己的所爱，那么职场一定会欢声雷动。

然而，更重要的是，如果我们教会每个学生，学习不是为了获得外部知识并接受相关测试，而是为了发展和贡献已经存在于他们身上的独特性，那么他们就能培养出强大的自信心。

目前这样的课程尚不存在，这既是生产力的巨大损失，也是一种道德失败。课程改革势在必行。

8. 翻转课堂

目前，社会普遍接受的教学方法是在课堂上传授信息，然后让孩子们完成家庭作业和任务。然而，只有当初高中的目标是利用每个学生生成测验、考试和作业分数，然后将这些分数输入招生表格并发送给大学时，这种方法才有意义。

但是，如果学校的目标是帮助每个学生识别并贡献他们的所爱，那么你就会翻转课堂。每个学生都会在家里自己学习和阅读，然后，在课堂上，教师会帮助每个学生完善其将新信息、事实或过程转化为实际工作的独特方式。每个学生做这些事情——解答数学题、写论文、学习语言——的方式都具有特质性。课堂应该是教师关注这种特质的地方。

这样一来，教学将不再囿于信息传递，而是将成为对学生个体的指导。这并不会增加教师的工作量——由于需要评分的作业减少了，所以事实上教师的工作量反而减少了。但是，就帮助学生成长而言，这肯定会是更为有效的工作方式。

9. 摈弃平均学分绩点

从数据的角度来看，平均学分绩点是一种令人难堪的存在。根据目前的计算，学生的平均学分绩点数据没有什么价值，因为它是由许多不同的科目生成的，其中大多数科目的评分者间信度水平只有 70% 出头或以下。简单地说，这就意味着这些数据来源于劣质数据——而且，任何稍具统计学知识的人都知道，如果你将系统性的劣质数据与优质数据相结合，那么你就会使所有汇总数据都变成劣质数据，就好像是："它没有准确地衡量出它声称要衡量的东西。"

因此，我们所有家长都应该大声反对将平均学分绩点作为衡量学生的标准。任何使用平均学分绩点的中小学或大学都应该遭到家长同盟的羞辱。中小学和大学使用平均学分绩点是因为这使它们的"分类"工作变得更为轻松。但这并不能使数据变得正确。我们的学生理应得到更好的待遇。

这并不意味着我们应该统一放弃成绩和评分——一些学校这样做了，但许多学校还没有，从数据的角度来看，这是可以接受的。需要明确的是：老师阅读一篇历史论文，然后基于他们特定的专业判断力给论文打分，这是没问题的。问题出在，学校接着会将该成绩转化为一个数字，然后将该数字添加到所有其他成绩／数字中，生成一个平均学分绩点汇总数字。对于大多数科目而言，分数不是一个客观的衡量标准，而是某位具有特质性的教师的主观反应。我们付钱给老师，让他们给予智慧的反应，我们期望他们非常了解自己的学科。但是我们不应该期望他们充当什么是真正的 A、什么是真正的 B 的绝对客观的仲裁者，我们也不应该仅为了让每一次测验都产生一个绝对客观的数字而把所有科目简化为是非判断题或多项选择题。

我们应该要求老师在评分时运用他们的最佳判断力。我们应该以成绩单的形式将所有这些最佳判断提交给大学。我们永远都不应该把这些主观判断加在一起，变成一个平均学分绩点，就好像它们是客观、可靠的分数一样，因为它们并不是，也永远不会是。

10. 让大学免费

在 2018 年毕业的学生中，有 69% 的人平均背负着 2.9 万美元的债务。回顾过去所有的毕业生，我们现在有 4500 万公民仍背负着学生贷款债务，总计达 1.65 万亿美元。宏观经济效率低下导致人们背负的学生贷款债务是信用卡债务的两倍，暂时抛开这个问题不谈，只想一想这对每个毕业生的心理健康会产生什么影响吧。

当每月平均学生贷款为 393 美元时，毕业生就不是在激情、使命或自我发现的引导下，而是在经济压力的引导下迈出为社会作贡献的第一步：这份工作能帮我偿还债务吗？我们因此失去了多少优秀的教师或护士，只因为那些本能地被这些职业吸引的人算下来发现入不敷出？反过来说，又有多少人仅出于财务优先的考虑而选择了不适合真实自我的有利可图的职业，比如律师或医生？有多少梦想被债务的重负摧毁了？

我们很难针对这些问题给出确切的数字，但正如我之前分享的那样，我们确实知道，只有 14% 的人觉得他们的工作使他们每天都有呈现最佳发挥的机会；护士的创伤后应激障碍水平是从战区返回的退伍军人的两倍；对教师职业的尊重程度比以往任何时候都要低；有 73% 的医生不会鼓励自己的孩子追随他们进入医学界，因此，到 2025 年，美国将短缺 2 万名医生。

并非所有这些数据都可以用学生债务的压力来解释，但常识告诉我们出了问题。在一个健康、富有成效的团队里，每个人都能找到一份工作来表现自己的最佳状态。一个健康、富有成效的国家也需要符合同样的条件。每个人要想找到一份或多份真正能发挥我们的所爱的工作本就够难了，而当我们的视野被债务笼罩时，它几乎是不可能的。

在我的生活中，我凭借诸多优势受益匪浅，尤其是我在一个发达稳定的经济体中成长为一名受过良好教育的中产阶级白人男性。但我最大的优势是，我的大学学费完全是由我出生的国家支付的。在某个地方，某个人做出了这样的判断：如果我没有被债务分散精力，我就更有可能作出更多更有智慧的贡献。

那已是过去的美好时光。为了我们的孩子，为了我们自己，也为了我们的国家，让我们看看是否能找到回到那里的路。

好的，以上就是十大改变清单。总的来说，它可能会令人望而生畏，所以，当你向前挺进并发出自己的声音时，请坚持这条见解：帮助孩子学习和成长的最强大的方法就是向他们揭示他们身上已经具有的东西，并向他们展示如何将自己内在的东西转化为贡献，把自己的所爱转化为工作。

任何行动、任何课程、任何教育改革，只要能让你更接近这一点，就都是朝着做对孩子有利的事情迈出的重要一步。

"爱 + 工作"型学校宣言

1. 不要将育儿视为一项竞技运动。

2. 不要把自己的恐惧投射到你的孩子身上。

3. 停止阅读《美国新闻与世界报道》的大学排名表。

4. 开始阅读研究资料。

5. 开始向大学施压,让它们摈弃标准化考试。

6. 开始禁止在大学申请中列举参与的俱乐部、文体活动或慈善工作。

7. 开始向初高中施压,要求他们开发培养自我掌控能力的课程。

8. 翻转课堂。

9. 摈弃平均学分绩点。

10. 让大学免费。

19

你的孩子并非你的孩子

我希望你能从你的父母那儿学到的一件事情

当我儿子五岁、女儿三岁的时候，我们去参加我儿子最好朋友的生日派对，结果却在车道上碰到了正拖着小丑装备往外走的"小丑可可"①。

"你已经结束了吗？"孩子们的母亲问道。

"是的，"可可回答，"节目几分钟前就结束了。"

我们迟到了。孩子们似乎并不太介意——我儿子对小丑没什么兴趣，我女儿则觉得小丑相当于不合格的迪士尼公主。

他们的妈妈把手伸进钱包。

"如果我给你这个"——她拿出两张 20 美元的钞票——"你能为我的孩子们再表演 30 分钟吗？"

"呃，当然。"可可说。

---

① "小丑可可"即"麦当劳叔叔"。——译者注

这是一种特殊的育儿方式。你不一定有这个资格，但是你非常积极主动。你会主动出击，采取你能想到的每一种措施，让你的孩子得到他们可能想要的东西。

回首当年的岁月，我周围很多父母给我留下的印象就像是"吃豆人"游戏超级玩家。他们紧握着操纵杆，在观察竞赛场地时，他们可以某种方式比其他人看得更远、更快。他们会感觉到机会或危险，左右摇晃操纵杆，这样他们的孩子就可以安全地向前移动，飞快地绕过拐角，避开危险。在这些父母的带领下，孩子们度过了一级又一级难关，吃着水果，嚼着幽灵，飞快地冲向下一级，然后是再下一级，与此同时，他们的生活完好无损。

谁能责怪父母把操纵杆抓得太紧？如果你没有孩子，你可能不太理解这一点，但是所有父母都经历过一种感觉，就是他们的孩子就像身体外面的心脏一样脆弱。你可以看到它在跳动，你知道你必须尽你所能保护它，然而它就在那里，完全暴露在这个世界所能施加的伤害之下。如果它受伤了，你就会死，因为那是你的心。

因此，当你看到一种控制世界的方法，一种能保护你的心的方法，你会紧紧抓住它并试图操纵世界，以便让你的孩子毫发无损，这一点都不奇怪。

面对这种始终在线的操纵杆狂热——也许是出于天性，也许是出于一种反向的小题大做——我发现自己后撤了。我承认，这并不是出于什么深思熟虑的育儿策略，更多是因为我无法在一个遍布技术娴熟的"吃豆人"玩家的世界里找到自己的位置。

我女儿第一次在家睡午觉时，我不慎把她从婴儿睡篮里弄得滚了出来，掉到我家后院的砖台阶上，还有一次，我抱着两岁的儿子从楼梯上滑倒，把他的腿摔折了两处。发生这些事情让我认为，我的后撤是明智之举。

但不管我找了什么理由，总之，我从来没有试图抓住操纵杆。我没有找到正确的方法来给这场"吃豆人"的游戏贴上不健康的标签，或是指出这种操纵杆式育儿方式所具有的虚无感，在迷宫中奔跑的小人儿并不是我们的孩子——至少不是最好的他们。我没有做任何这样的事情。

在他们母亲被捕后的日子里，我先是为自己没有去撬动操纵杆而陷入自责中，接着我开始对世界如此迅速地介入并伤害我的孩子感到震惊，再接下来，一如既往地，我开始感到愤怒。一开始，这种情绪很微弱，弥漫着悲伤，浸透了泪水，但后来泪水干了。于是我重读了联邦调查局的文件，试图弄清楚怎么会这样、为什么会这样以及究竟发生了什么。然后我的怒火熊熊燃烧，开始失控。我整晚在卧室里踱来踱去，一边努力想象这一切怎么会发生在我儿子身上，一边用拳头砸墙。

最后，在洛杉矶一个阳光灿烂的新的一天里，愤怒消散了，自怨自艾结束了，一切又恢复了生机，我唯一的前进指南是对我自己父母的回忆。这些年来，我到处奔波——上小学，上中学，上大学，去美国工作——从没有认真思考过他们的育儿方法。现在，我发现自己一次又一次地回到他们那里。

我将与你分享他们的做法的一个方面。这并不是因为他们是完美的父母——他俩都不是。

这也不是因为数据一定支持他们的做法——我不知道有任何纵向研究支持或反驳他们的做法。

我之所以要分享它只是因为，当我和我孩子们的人生中这段紧张期的精炼之火完成它的工作时，它只留下了这一水晶般清澈的领悟。只要我还是一名家长，我就将始终谨记它。

我希望它对你的帮助和对我的帮助一样大。

格雷姆和乔

我的父亲格雷姆是我们家第一个上大学的人。他是一个经验主义者，秉持这样一种信念，即尽管信仰应享有其地位，但是在这个世界上前进的唯一途径是进行可信的研究并相信其结果，哪怕一开始你并不同意这些结果。我记得，在他弥留之际，他痛苦地抱怨说，"医学界"对他的病情一无所知。

"马库斯，医学界说我只有几个月可活了，但他们对此的研究在哪里？他们的研究在那里？！"

我至今仍然记得从他那浑厚的家乡口音中透出的愤怒。

我的妈妈乔对生活有不同的看法。她来自生计艰难的北约克郡家族——一家三代都是煤矿工人——但她的祖母是一位信仰治疗师，她把人们带到她和我妈妈一家合住的带露台的房子里，每天早上把手放在他们身上，六个月后，"客人"会痊愈离去。我妈妈继承了她的信仰和天赋，现在，我妈妈已经 80 岁了，但看上去就像 60 岁，每天都在治愈病人的伤疤和灵魂。

所以，是的，格雷姆和乔非常不一样，但他俩确实都怀有一个根深蒂固的信念，即创造爱就是创造空间。爱你的孩子就是看到你的孩子，如果你不给他们留下自己做出选择的空间，你就看不到你的孩子。

他们在我的妹妹和哥哥身上都实践了这种信念，我由于有口吃的毛病，对这一点感受更是深刻。

口吃最不通情理的地方在于，不仅他人对此无能为力，而且口吃者越是努力，情况就越糟糕——这是对我们作为父母所做的一切的完美隐喻。

起初，格雷姆和乔带我去找一位语言病理学家，试图治好我。在那里，我必须学习固定短语，然后无限次重复它们——就好像只要说上1000遍"彼得·派珀摘了一包泡椒"之后，我的口腔肌肉会形成记忆，强化并锐化，我就会冲破堤坝。

但这并没有发生。我的思维与嘴巴的联系会在表演的压力下崩溃，我的嘴里会喷涌出非语言的什么东西。一听到它，我就会被吓到。我会停下来，我会闭上嘴，彻底停摆。

就像所有父母一样，格雷姆和乔看到自己的孩子遭罪，一定感到很绝望。我知道他们愿意不惜一切代价来让我摆脱无法启动的神经元突触。然而，当他们看到他们的干预实际上加剧了我的口吃，当他们发现他们善意的努力实际上伤害了我时——他们有足够的智慧和爱心——停止了这种做法。

相反，他们让我顺其自然。他们用爱的泡泡包围我，然后给了我在里面蹦跳的空间。经过第一次尝试，他们再也没有带我去看病理学家。是的，他们把我送到了一所比我哥哥就读的学校更小的学校，但接着他们就让我一个人去闯荡世界。如果我摔倒了，爱的泡泡会接住我，然后再把我弹起来。我是一个结结巴巴的不倒翁，摇摇晃晃，但深受关爱。

他们创造的这个充满爱的空间绝非是在育儿方面的放任不管，而是一种深思熟虑的策略——这种策略导致我父亲送我去美国进行暑期实习，并告诉我他会慷慨地为我买一张去芝加哥的单程机票和一张去内布拉斯加州的灰狗巴士票，而年仅 16 岁的我则必须自己想办法赚足够的钱买回家的票。我现在意识到，我父母对于给孩子们留空间毫无顾虑——我哥哥和他的朋友们 15 岁时就骑自行车环游法国；我妹妹 16 岁时就搬到慕尼黑住了。

我从来没有机会和爸爸分享我的体会。2017 年 10 月 31 日，就在我们在他的小公寓里共享了一瓶苏格兰威士忌一天后，他死于"未经研究"的疾病。

我多么希望我现在能直视着那双严厉又温柔的蓝眼睛说："谢谢你，爸爸。我之所以能做今天的工作，能做我希望能造福世界的工作，全都是因为你给了我空间，还有那张单程灰狗巴士票。"我多么希望我能让时光倒流，告诉他我口吃消失的那天早上究竟发生了什么。

在那一天，我把发生在我身上的事情藏在自己心里，因为我不想因为说出来而让魔法消失。尽管那时我已经找到了限制口吃危害的方法——保持对话简短；永远不要试图讲笑话，因为口吃会扼杀妙语；避免向别人做自我介绍——但是它在我的生活中仍占主导地位。在我于第 8 章中写到的小教堂朗读的前一天晚上，我和校长普拉特先生一起走进黑暗寒冷的小教堂，他试图哄我读完那篇文章。教堂里空空荡荡的，长椅上光滑的木板被烛光映得明晃晃的。当我站在讲坛上努力吐出那些字词时，它们被结结巴巴地说出来，跌跌撞撞，一个断奏的瞬间撞上另一个，每一个片段都被古怪地拉长了。

晚餐时，我强忍着泪水和愤怒向格雷姆和乔描述这一切。我没有提出来，但我以为并且希望他们中的一位会接手我的问题，伸出援手，搞定它，给普拉特先生打电话，让他不要以这种方式羞辱他们的儿子。我的意思是，谁会不这么做呢？有哪个家长会不打电话给学校，尽其所能阻止孩子遭受痛苦和磨难？

当然，所有那些"吃豆人"家长都会这么做。

那天晚上我多么希望自己有一个"吃豆人"家长。

但是不，我的父母不是"吃豆人"玩家。乔没有拿起电话。她只是说："太可爱了，心肝儿！到时候一定很有趣！""心肝儿""小军号""小香肠"——这些都是妈妈爱用的昵称。那天晚上我什么都没吃，也几乎没睡。

第二天早上，我骑了三英里的自行车去学校，我格外用力地蹬着自行车，心想如果我骑到筋疲力尽，或许就能欺骗我的大脑，让它累到无法结巴。到了学校，我看到所有学生都像往常一样走上山坡，鱼贯而入。我坐在唱诗班里的朋友旁边。牧师开始举行仪式，我则在等待着无法避免的事情。

结果，无法避免的事情并没有发生。面对许多面孔，我的大脑中有什么被引发了，我的神经元突触开始正常运转，我的不流畅感消失了。我感觉到一双双盯着我看的眼睛的能量，他们的关注将我解锁，我被治愈了。

格雷姆和乔是怎么预测到这一切的？他们是如何做到把我弄到将一个口吃者最大的恐惧变成了他最大的解脱的场景中的？

哦，他们做不到。他们也知道自己做不到。相反，尽管他们不可能预见这一切，但是在六月的那个早上他们还是继续采用了爱的泡泡空间育儿法。他们足够聪明，知道空间和爱的巨大力量，但他们也知道，在这个空间里，他们几乎一无所知。

40 年过去了，这个故事情节听上去是那么可预测，甚至是陈词滥调，但是你能想象格雷姆和乔那天早上会在想什么吗？身为父母的所有本能都会驱使他们去打那个电话，但他们知道，尽管给校长打电话对他们有好处，但对我不会有好处。他们不知道那天早上会发生什么，但他们确实知道，主动介入帮我解决这个问题会限制我的世界的空间，而对我来说，一个空间更小的世界就是一个更狭小的世界。

回首往事，我对他们的决心感到震惊。一想到如果他们抵制不住诱惑去打了那个电话后面会发生什么，我就感到惊慌失措。那样的话，我就不必在小教堂里朗读了，于是我也就不会站在那里看到所有那些面孔，不会有后来那种感觉，不会了解我所了解到的东西。那么今天我可能就不会在做我正在做的事情了。

这就是他们对我的爱的力量。他们把自己的恐惧放在一边，给了我行动、选择、学习和加强我在人世间行动力所需的所有空间。我是两位父母的受益者，他们很久以前就松开了操纵杆，并意识到选择——我的选择——才是学习的燃料。

哈利勒·纪伯伦在他的诗篇《孩子》中这样写道：

你的孩子，其实不是你的孩子，
他们是生命对于自身渴望而诞生的孩子。
他们通过你来到这世界，
却非因你而来，
他们在你身边，却并不属于你。
你可以给予他们的是你的爱，
却不是你的想法，
因为他们自己有自己的思想。
你可以庇护的是他们的身体，

却不是他们的灵魂，

因为他们的灵魂属于明天，

属于你做梦也无法达到的明天。

你可以拼尽全力，变得像他们一样，

却不要让他们变得和你一样，

因为生命不会后退，也不在过去停留。

你是弓，儿女是从你那里射出的箭。

弓箭手望着未来之路上的箭靶，

他用尽力气将你拉开，

使他的箭射得又快又远。

怀着快乐的心情，

在弓箭手的手里弯曲吧，

因为他爱一路飞翔的箭，

也爱无比稳定的弓。

我的孩子并非是我的孩子。你的也并非是你的。我们是父母，所以我们就是弓，我们把孩子拉得离我们很近，只为了接下来让他们能自己飞得很远。我们的任务不是指挥箭飞行的方向，也不是在箭落下时抓住它，而只是保持稳定，松开弓弦，然后让箭飞入前方的空间。

格雷姆和乔给了我这个空间。如果你想真正看到你的孩子，你也可以为你的孩子做同样的事情。你可以成为最聪明、最有决心、最有爱心的空间制造者。

我希望你停止看着自己——看着你作为父母的恐惧和野心——而是开始"看见"你的孩子。我儿子不是我女儿那样的人，也永远不会是。他的幽默感干巴巴的，而她总是充满快乐；他会避开聚光灯，而她却会在聚光灯的照耀下格外活跃；自嘲是他的魅力所在，而她的自嘲则充满活力。他们俩都极度忠诚，在受到压力时首先都是给对方打电话，但他们中只有一个人喜欢旅行，而另一个人却讨厌旅行。

面对这种所爱与所恶的奇怪结合，身为父母，我唯一的工作就是看清每个孩子的真实模样，然后帮助他们明智地、道德地、最终富有成效地表达自己的爱。

我们的孩子，他们每天都在向我们展示他们是谁——通过成千上万的反应、互动、选择和结果。然而，很显然，很多父母都看不到他们。我们用闪亮的锡箔纸盖住他们，以保护他们免受世界的伤害，然后，当我们看着被锡箔纸完全包裹住的他们时，我们所看到的只是我们自己的倒影。

他们不需要锡箔纸。他们不需要保护。

他们需要被看到。

我们所有人都一样。

尾声

现在交给你了

在我就读的大学里，他们会让你穿戴上方帽和长袍，然后沿着镇上的主街游行——这叫作"国王游行"———直走到法院大楼。在这里，你的期末考试成绩会被张贴在墙上，让全世界看到你是否毕业了，以及，如果你毕业了，你的成绩如何。如果你失败了，你的名字旁边会有一个字母 S。S 是"不寻常"（Special）的缩写，意思是你很平庸。典型的英式低调。

然后，如果你通过了——谢天谢地，我通过了——你和你的朋友们会跑，跑，跑，一直跑到平底船那里，租一下午的平底船，带上野餐用品，沿着康河逆流而上，来到一个由水道纵横的英伦田野和树篱组成的小村庄，那个村庄叫作格兰切斯特。

那天，我们一行七个人跳上平底船，沿着康河慢慢地往上游划，但我们一直没划到格兰切斯特。我们划得很慢，所有人都刚刚开始意识到，尽管那天我们离得很近，但很快我们就会天各一方。我们彼此之间的安全感和确定感很快就会被看不见的大众的压力所取代。

平底船慢慢地沿河而上。基兰负责掌舵——他是有史以来最好的平底船水手，也最会玩杂耍，但这次他把我们带得离河岸太近了。当我们从树下经过时，树枝硬邦邦的，很结实。我们都弯腰躲避树枝，大笑着紧紧抓住面包、奶酪和温热的英国啤酒瓶。我们撞到了岸上。我站起来，帆布鞋扑哧扑哧地踩在潮湿的船底。现在，我的脚踩在平底船的边缘，把茂密的垂柳枝推到一边，径直走进了林肯市的灰狗巴士总站。华氏 101 度。内布拉斯加州。盖洛普公司。新的人群。新的生活。

结尾。我很害怕结尾。我不知道为什么，但我确实害怕。在我撰写的每一本书或每一份演讲稿中，我都会被困在结尾。

结尾给人一种盖棺定论的感觉。也许我不喜欢盖棺定论。当然，对于糟糕的事情，我希望它们尽快结束。但是谁愿意结束自己所爱的东西呢？

我喜欢为你写这本书。

但不管怎样，现在到了结尾。

2006 年，我拍了一部电影。事实上，是汤姆·林克斯（Tom Rinks）拍的，我只是喋喋不休地谈论着优势和数据。然后奥普拉看到了这部片子。我能上她的节目得归功于汤姆。汤姆是美国最受欢迎的防晒霜品牌 Sun Bum 的创始人兼首席执行官。但这一点与本故事无关。

你可能已经看过这部电影了。你甚至可能已经以它为基础在你的组织中展开基于优势的学习了。

这是关于一个男孩的故事，他面临着我们所有人都面临的斗争：他在学校乐队中为他所热爱的乐队演奏长号，但在内心深处，他真正喜爱做的是演奏定音鼓。那么，他究竟是追随他的所爱，让他的乐队陷入没有长号手的困境，还是扼杀自己的所爱，顺从所有其他人希望他做的事情？

影片进行到大约一半时，我们看到了他是如何解决无法解决的难题的。我们看到他用粗大的蓝色记号笔一页又一页地乱涂乱画。我们看不到他在写什么，但我们可以看到他想出办法后的喜悦之情。然后画面切换到他在校车座位后面贴东西，接着是在一个又一个储物柜上贴东西，最后镜头找到了其中一张海报并且拉近。那只是一张空白纸，上面写着"诚招长号手"。

"那就是你的片名。"汤姆说。

我喜爱制作那部电影的过程。和汤姆一起写剧本，选角色，找到我们的主演，把整个迪士尼音乐厅租了五天并在那个温馨的礼堂里进行拍摄。

不过，我最喜欢的时刻不是写剧本或拍摄，而是在剪辑室里的某个时刻。那是最后一个镜头。就在拍摄的最后一刻，我们的主角犯了一个错误。他无意中直视了摄像机。

我和汤姆正在看镜头片段。直到那一刻，整个拍摄都非常完美。

"该死，我们得把那个镜头剪掉。他打破了第四堵墙。"我说。

"你开什么玩笑？这是一个绝妙的错误。"汤姆将片段往回倒，"看。看他盯着镜头的样子。我会把后面的所有内容都剪掉，我们就在这里结束整部片子。"

"等等，什么？"我很困惑。计划不是这样安排的。我是一名科学家。我需要更多的数据。

"看。"他第六次倒回去，"他的眼睛。它们在说：'现在交给你了。'"

我真希望能在这里插入电影的那一刻让你看——我敢肯定你现在可以在 YouTube 上找到它。那是电影最后一段的最后一帧。他的眼睛正是在说那句话。我们没法把它导演得比这更完美了。他正在把一切交给观众，好像在说："拿着，所有这一切，然后用它们做点什么。"

好啦，我们现在就共同处在这本书的那一刻了。我正看着你，就是你，并对你说："现在交给你了。"

这本书从头到尾都是关于你的，关于你如何理解自己，并在爱的基础上与自己建立一种关系。我希望这对于你和你选择如何生活有着巨大的帮助。

然而，与直觉相反，在这个世界上你能做出的最大改变之一是你选择如何看待和理解他人。哲学家让–保罗·萨特（Jean-Paul Sartre）在他的戏剧《禁闭》（*No Exit*）中有一句著名的话："他人即地狱。"他的意思是，他人之所以是地狱，是因为他们不是你。他们的动机、意图和利益都不是你的。他们挡住了你的去路。他们误解你，歪曲你，误导你。他人即地狱。

我希望这本书能为你做的就是把这个逻辑颠倒过来。他人之所以可怕，只是因为你不了解他们。但如果这些"他人"和你一样——他们确实和你一样——那么他们的体内也会有无数银河系。他们也会有美丽、复杂和出人意料的所爱与所恶的模式。他们也会不同于自己国家、种族、性别、甚至是自己家庭中的任何其他人。他们也会是独一无二的存在。

最近对幸福感的研究表明，在所有与幸福感相关的技能中，敬畏感是最具相关性的。培养感受敬畏的技能——在美国中西部令人叹为观止的苍穹下，在仙人掌花的轮匝和图案中——你就会感到不那么孤独，不那么沉重，从自己生活中的种种担忧中解脱出来，登上一个更高、更快乐的平面。

对你来说，他人可以成为一种敬畏的源泉。你遇到的每一个人都是一个奇妙而复杂的生物，如果你对之好奇，总是会得到对方的回报。每次你问一个开放式问题，然后倾听，你都是在送给对方一件礼物，即被人看到，同时你也会给自己一个机会，给自己的人生中添加更多一点敬畏。

所以，从现在开始，改变你对自我引见的看法。每当有人走到你面前，而你略感僵硬，做好点头、握手的准备时，你都要把握好自己。每一次自我引见都不一定只是个空洞的仪式。它可能是一件大事。不是破冰船，而是在一片尚未被发现的土地的海岸登陆。它通向更多的东西，一些狂野不羁、令人费解、错综复杂、独一无二的东西。每一次自我引见都是在邀请你进入一个全新的星系。

他人即地狱？不，透过爱的滤镜，他人是天堂。你的滤镜由你自己决定。

你好，我是马库斯，很高兴认识你。

致谢

我们只有在彼此的相互关系中才能茁壮成长。我们只有在对其他人类的回应中才能崛起并发现自己最好的一面。这本书中的一切都是我周围的人送给我的礼物。有了他们才会有这本书。

米歇尔·罗曼斯发现了我，以及本书的标题，以及"爱+工作"这一无限能量循环，以及在这本书真正完成之前决不放弃的热情。

我的孩子们，以及米歇尔的儿子们，每天都在向我们展示每个人的所爱是多么明确和强大，以及如果我们能够创造一个尊重每个人的所爱的世界，会产生什么样的利害关系。

我在 ADP 研究所的团队是卓越非凡的，特别是因为每个人都贡献了他们的所爱。克里斯蒂·帕维尔以一种既通情达理、高效又无情且强调责任的奇怪组合来管理我们的所有项目。

玛丽·海斯博士，哦，天下只有一个玛丽·海斯。她的聪明才智只有她跌宕起伏的人生以及她把事情做好的执着可以与之相匹配。

梅里迪斯·博林是一种无法归类的智慧、洞察力、实用主义和实践精神的组合。

内拉·理查德森博士负责掌管研究所的另一半，她对更广阔的经济世界以及我们在其中的地位的看法影响了我本人的看法，今后也将一直如此。作为她的合作伙伴我很自豪。

弗朗西斯·丘姆尼博士将她对精确性的热情和在深度科学方面的严谨性融入我们所做的一切工作中。

詹妮弗·比弗利杰进入别人头脑中的方式应该是非法的。幸运的是，她只将自己的天赋用于行善：把一个想法具体化，将它变成一系列行动，从而创造出一种能够真正改变人们生活的体验。

凯特·费伊是我们企业界的音乐家，她总是在寻找意义和旋律。

乔，妈妈，谢谢你看到了我们所有人身上的优点，并向我展示了终生不渝的爱究竟是什么样的。

皮帕，我真的找不到言语来表达对你的感激。谢谢你的启发，还有爱，还有聊天。谢谢你始终在那里支持我。

尼尔，你的人生之旅充满了爱，是美好而命中注定的，即使在那些感觉不到这些东西的日子里也是如此。

此外，感谢哈佛商业评论出版社的团队：我的编辑杰夫·凯霍，我真的不知道你是怎么做到的，但你确实很擅长清楚地看到一个项目，然后紧紧抓住它，同时仍然允许它在一个非常混乱的空间里存在很长一段时间。朱莉·德沃尔，我们所有人都始终欢迎你的电话，因为你的想法很到位，实现的可能性也总是很高。珍·沃林、斯蒂芬妮·芬克斯、费利西亚·西努阿斯、艾瑞卡·海尔曼，当然了，还有阿迪·伊格内修斯，感谢你们如此认真地对待这本书的一切，从最微小的细节直到最宏大的抱负。

读书笔记

读书笔记

读书笔记

读书笔记

愿我们在动荡而喧嚣的世界中
享有平静、专注和幸福

ISBN：978-7-5169-2582-9
定价：69.00 元

发现工作和生活中的最佳状态
找到热爱的事业并为之奋斗终生

ISBN：978-7-5169-2560-7
定价：65.00 元

坚持到底、采取行动、
执行和自律的艺术

ISBN：978-7-5169-2581-2
定价：69.00 元

处理工作中最艰难的人际关系
培养人际适应力、良好的工作
关系都从这里开始

ISBN：978-7-5169-2537-9
定价：69.00 元

每个年轻人必读的
减压实操指南

ISBN：978-7-5169-2522-5
定价：79.00 元

享有职场卓越绩效
非凡领导力和幸福感

ISBN：978-7-5169-2526-1
定价：79.00 元

有效提升绩效及能力的
职场必备实操指南